QI YE XIN YONG DENG JI
PING GU ZHI NAN

企业信用等级评估指南

张 宇◎编著

发布企业信用评级结果、分析行业发展状况

中国经济出版社
CHINA ECONOMIC PUBLISHING HOUSE
·北 京·

图书在版编目（CIP）数据

企业信用等级评估指南 / 张宇编著.
北京：中国经济出版社，2017.7
ISBN 978-7-5136-4728-1

Ⅰ.①企… Ⅱ.①张… Ⅲ.①企业信用—信用评级—中国—指南 Ⅳ.①F832.4-62

中国版本图书馆 CIP 数据核字（2017）第 121990 号

责任编辑 杨 莹
责任印制 巢新强
封面设计 任燕飞

出版发行 中国经济出版社
印 刷 者 北京科信印刷有限公司
经 销 者 各地新华书店
开　　本 710mm×1000mm 1/16
印　　张 14.25
字　　数 216 千字
版　　次 2017 年 7 月第 1 版
印　　次 2017 年 7 月第 1 次
定　　价 42.00 元
广告经营许可证 京西工商广字第 8179 号

中国经济出版社 **网址** www.economyph.com **社址** 北京市西城区百万庄北街 3 号 **邮编** 100037

本版图书如存在印装质量问题，请与本社发行中心联系调换（联系电话：010-68330607）

前　言

这是我在三十年前编写的一本书，是国内较早研究企业信用评估方面的一本专著，1988 年由中国科学技术文献出版社出版。当时处于改革开放的初期，研究这方面工作的学术参考资料极少，从事这方面的人员、机构也很稀缺，故只印刷出版了 4000 册。时至今日，信用评级工作已涉及到企业、投资、个人等各方面的需求，但是，其原理、发展轨迹、实践方向、并无大变化，只是在评估工具方面有所提高，评估指标的类别、权重、细化方面有所调整，评估速度方面逐步加快。现应有关方面需求，多方面的需要，将此书重新出版，内容未作任何改动，可作为历史资料，用以参考。为使用这方面知识的人士提供我国较早的研究资料。本书适用于银行信贷人员、大专院校、经济类专业师生、政府有关部门、社会经济部门、有关大数据研究实践部门、互联网金融部门等在工作中参考使用，由于编写年代较早，其中肯定存在众多不足之处，希望大家予以批评指正。在本书出版过程中，得到了徐浩钧先生的大力支持，在此深表谢意。

张　宇

2017 年 3 月 30 日于北京　中融民信

目　录

第一部分　企业信用等级评估概述

第二部分　企业信用等级评估的实践

第三部分　企业信用等级评估案例

第一部分
企业信用等级评估概述

对我国工商企业进行信用等级评估，不仅是反映工商企业信用状况优劣的一种形式。同时，也为政府及各综合管理部门制定政策提供了参考依据，为商品交换提供了大量的企业信用状况信息。因此，企业信用等级评估工作的开展，对于保证经济的健康、稳定发展具有深远的意义。

第一章　综　述

第一节　信用概念的内涵充实和外延扩展

信用原是货币借贷和商品交换中延期付款或交货的总称，是以偿还为条件的价值运动的特殊形式。其内涵为以偿还为条件和以价值运动为对象，其外延主要涉及古今中外货币借贷和商品交换领域。

随着社会的发展，文化和经济的发展，许多名词概念的内涵和外延都得到了充实，扩展。例如“收获”这一词，原指农业上收割农作物，现已扩展到把各个领域新得到的一切成果都称为“收获”。科研成果可称为科研“收获”，发表作品可称之为“创作收获”，企业经营成果可称为“经营收获”。“信用”这一概念也不例外，出现了内涵的充实和外延扩展。

信用概念内涵的充实表现在不仅仅是以偿还为条件和以价值运动为对象的特殊形式，而是在不以偿还为条件的公共关系交往中，也常常表现出信用的概念。例如，男女青年恋爱约会，男方迟到，女方则可说男方不守信用；两个单位签订房屋撤迁协议，甲方未执行协议乙方便可说，甲方不守信用等，诸如此类事例不胜枚举。总之，目前信用概念内涵基本上是“遵守诺言、实践成约，从而取得别人对他的信任”。不论货币借贷是否按期偿还，还是延期交货，也不论男方是否如期赴约，还是甲方不遵守协议，都包括在是否遵守诺言、实践成约的范围内，这都牵涉到别人对他是否信任的问题，因此，都可归纳为信用。

信用概念外延的扩展，表明在不仅仅以古今中外价值运动为对象，还扩展到了古今中外人与人之间、单位与单位之间关系状况等方面，从单个人是否实践成约的直接行动，扩展到了相关行动。甲单位和乙单位签订了供销合同，甲为供方，在合同期来到之前，甲方所关心的不只是乙方是否按期付款，而对乙方的短期支付能力、资产负债状况、过去的合同履约率等情况都很关心，关心这些间接信用指标的目的是为了判断乙方是否能实践按期、按数支付货款。男女青年恋爱约会，在男方未到之前，女方关心的不仅是男方是否按时赴约，而对男方是否忠于自己的爱情、是否另选其他女朋友等间接信用状况都很关心，关心这些间接情况的目的是为了判断男方是否能履行按时、按地点赴约的信用诺言。因此，信用概念的外延在纵向和横向方面都有新扩展。

第二节　信用需求

信用需求是指愿意付出代价而得到对方信用情况的愿望。而不愿付出代价想得到对方的信用情况的愿望，只能称之为需要。

对我国工商企业进行信用等级评估，应该是建立在社会需求的基础上的，也就是说是有偿的。这是由于有计划的商品经济的发展所逐渐出现的社会需求。企业信用等级评估产生于商品经济，也服务于商品经济，它不但随商品经济的发展而发展，还能促进经济的稳定、健康发展。

过去，我国实行计划经济，企业对信用等级评估几乎没有需求。出现这种倾向的主要原因是企业的信用被国家、政权等纵向信用所代替，因为企业生产按国家和主管部门的指令性计划安排，原材料的供应，有国家计划安排，产品销售也有国家计划分配。经营者以及经济管理部门都按计划实施，出了问题找上级、找国家，既无责、也无利，在低水平的计划笼子里缓慢地运动、周转，企业间的横向信用状况、商品交换者之间的信用状况需求甚弱，这是“大一统”体制下的产物。

十一届三中全会以后，经济建设逐步转入遵循客观经济规律的轨道，办事实事求是，实行有计划商品经济的管理体制，从单一的行政管理型，转变为既注重行政管理、又注重经济管理的科学管理体制。发展经济必然要善于经营，经营就必然要出现交换，交换又必然离不开信用。因此，信用需求就逐步发展起来了。由于信用本身是商品经济发展的产物，商品经济愈发达，则信用需求也愈强烈。西方商品经济发达国家，信用需求大大超过我国，这种大量的需求是非人力所能满足的，而是以信息为载体，用大规模集成电路计算机进行控制，并指导着经济的运行。

有计划商品经济的认识立论以后，经济体制改革逐步深化，表现在企业自主权的进一步扩大，承包责任制进一步深入，商品生产、流通领域逐步宽松，随之也出现了商品经济的必然产物——“皮包公司”“买空卖空”等不利于我国经济建设的消极因素。不少企业由于不了解交易对手的信用状况，蒙受经济损失。如 H 地某单位得知 S 地某公司有化肥几千吨，S 地来人说保证供应，签订了化肥供销合同，H 地即将货款汇入 S 地某公司的账户。由于不了解 S 地某公司的信用状况，款项汇入后，半年也取不到化肥。此时方知受骗上当，造成了巨大的经济损失。又如 F 城某厂生产的柴油机，与 W 城某公司签订了购销合同，货发出几个月未收到 W 城某公司货款，经去函电催收、派人索取，才将贷款追回，但已被占用半年之久，原来 W 城某公司早已将此批货卖出，作周转资金做了好几笔生意，使 F 城某厂遭受了利息损失。此类由于不了解交易对手信用状况而遭受损失的例子屡屡可见，因此产生了社会生产各部门之间、买卖之间等方面的信用需求。

当前，我国信用需求大致来自以下四个方面：

第一，买方信用需求。指付款单位和个人想了解卖方能体现信用状况的各项指标情况的愿望。付款是代价，愿望是需要，从而构成买方信用需求。具体说，付款单位要购货时，一般想了解卖方产品质量的优劣，产品价格是否公道，服务质量（包括维修、售后服务等），如果是期货交易，卖方是否能按期供货，以往的合同履约率情况等等。了解后，进行对比选择，从而决定购买哪家的货物。

第二，卖方信用需求。指卖方想了解付款方即买方能体现信用状况各项指标情况的愿望。供货是代价，愿望是需要，从而构成卖方信用需求。卖方信用需求一般对象为企事业单位，并且一般在期货交易条件下形成。具体说，供货单位在签订期货交易合同或准备发货时，一般想了解付款单位的贷款支付能力，以往合同履约情况，进而想了解付款单位的资产负债情况、银行存款情况等，有关证明信用程度的指标状况如何，了解后，进行对比选择，从而决定是否签订合同或是否发运货物。

第三，内部信用需求。这一需求是在前两项需求基础上派生出的一种中间需求，也就是说，当某单个企业在作为买方或卖方时，交易对方对本企业所需求的各项信用指标，企业管理者必然将这些指标转化为对企业内部各职能部门的考核管理指标。这样，企业管理者对企业内部各职能部门形成信用指标的基础指标产生了内部信用需求（工资、奖金是代价，愿望是需要，从而构成内部信用需求）。具体说，内部信用需求的主要指标一般为成本利润率，销售利润率、产值费用率、劳动生产率以及有关企业发展前景等方面的指标。

第四，综合信用需求（也可以表述为管理信用需求、国家信用需求等）。指国家为管理生产、流通、消费而产生想了解企业、个人某些信用指标的愿望。提供政策，保证安全（指国防、公安、法律等手段）为代价，愿望是需要，从而构成综合信用需求。各综合经济管理部门是国家的代表，如各级地方政府、经委、计委、财政、税务、银行、工商企业主管部门，等等。这些具体的管理部门，从各自不同的角度在履行自己的职责时，对企业反映信用状况的各种指标产生了不同角度需求，如银行通常对企业的贷款归还能力成品资金周转率、流动资金周转天数、产值资金率、销售资金率等指标极为需求。因为它直接关系到银行信贷资金的安全性和使用效益，关系到信贷资金的投向、投量是否合理，关系到信贷政策的执行是否有偏离的问题。又如工商局往往关心企业的经营是否合法，是否正确执行党和政府的法令、政策。再如税务部门，则需要企业信用状况中的利税指标，其他综合经济管理部门对企业的产值状况、固定资金状况、财务管理状况，等等，都有各自的需求。

上述来自四个方面的信用需求，伴随着商品经济的发展日趋强烈。这时，必然要求企业能提供本身的信用状况。但是，本身提供的信用状况资料，往往不能使人信服，仍然使商品交易双方日益谨慎，在结算、签订合同、发运货物、资金周转方面造成障碍；再者，商品经济的发展，必然有众多新的企业兴起，竞争日益激烈，国家管理部门对新兴起的企业状况难以很快全面了解，在投资决策、干部任用、宏观经济布局等方面缺乏依据。这就客观地要求社会必须专门组成信用评估机构，对工商企业单位实施信用评估，以利于商品的生产、流通和消费。

第三节 信用等级评估

信用需求是客观存在的，信用状况的优劣由企业本身宣传往往容易扬优避劣，需求方对其信任度较低，必须要求第三者予以公正的评估，才能使信用需求方得到较高的信任度，从而使各种交易得到客观的进行。

什么是信用评估？一般而言，指对反映企业信用状况的指标进行公正的评价和估算。反映企业信用状况的指标从性质上分为定性指标和定量指标两大类，评价的对象是定性指标，估算的对象为定量指标，总称为评估。

通过信用评估，根据企业信用状况的优劣层次，评出企业的信用等级，因此，信用评估也就是企业的信用等级评估。

企业的信用等级是企业经营状况优劣的综合反映。

西方发达国家的企业信用等级评估，是直接转化为对企业发行的债券股票、商业票据进行评级，其目的是为了减少社会经济各部门及个人在投资时的风险程窖，具体说是减少信用方面的风险，市场方面的风险与利率方面的风险。

一、 债券的评估

在西方发达国家，企业筹集资金可采用发行企业债券的办法筹集。为使发行方和购买方都能较客观地进行交易，发行债券以前，请专门的评级机构进行评级。

在美国，莫迪公司和标准普尔公司两家被认为是较权威的评级机构，他们在评级时常用的等级情况见表 1 - 1：

表 1 - 1　债券评级表

莫迪公司	标准普尔公司			说明
投资级	蓝筹	Aaa	AAA	最高级
		Aa	AA	高级
	中等货	A	A	中上级
		Baa	BBB	中级
投资级		Ba	Bb	有投资因素
	垃圾货	B	B	投资的
		Caa	CCC - CC	可能不还
	不值钱的货色	Ca	C	不还，但可能收回一点
		C	DDD - D	很少收回的可能

这两家评级机构，根据发行债券的公司信用方面可信赖的程度来评定证券等级。通常把评为中级以上（含中级）的证券称为投资级债券，中级以下的证券称为投资级债券。后者意味着企业可能会倒闭或者不能清偿，风险大。莫迪公司在评定的等级中，由 Aa 到 B 的五级还各加上

1、2 和 3 三个号码，1 表示比上不足，比下有余。例如 Baa1 比 A3 稍逊，比 Baa2 稍强；2 又表示本级的中等状况；3 表示在该一级中最差。他们的评级表一般是每年公布一次（公布结果需要经过被评企业同意，如不同意则不能公布）。

在英国，债券评级的办法并不太普遍。1973 年，经投资分析协会和保险统计研究所两家批准，建立了评级制度，基本上从两方面进行评定：一是发行公司的规模、债务情况和盈利情况等；二是债券的安全程度、优先偿还顺序和借债限额等。评级的方法是根据详细规定的条件来计算，评的结果由 AA、AB 到最低的 EE 级。投资者需要参考时，可向经纪人了解。

日本在发行国内的公司债券时，原来并没有专门的评级机构，只是在公开出售（即公募）时由受托人和包销人根据发行企业的资产情况和偿付本息的安全程度来评定，分 AA、A，BB、B 四级，出售时的利率高低和评级有关，等级高的利率低，等级低的利率就要高一些。自 1978 年 2 月起，日本债券研究所开始对转换公司债券评定等级。1982 年 10 月起，又开办对普通公司债券的评级工作。等级共分九级，由三个 A 到一个 C，从三 A 到三 B 四级都比较安全，两 B 以下的安全度就需要注意了。1986 年 1 月起，又开始对外国政府或机构在东京发行的债券进行评级工作。对外国人所发行公司债券也分为由三个 A 到一个 C 九级，A 级以上发行人信用较好，投资安全，三 B 级的发行人信用尚可，但其国内的政局和经济却有突变的可能性，两 B 级以下则风险较大。三 A 级没有发行金额的限制，两 A 级最高发行额为 300 亿日元，A 级 200 亿日元，这三级可以用公募方式筹资。由三 B 级起则只能用私募方式，最高发行额为 100 亿日元。

二、 股票的评级

发行股票也是企业筹资的一种方式。

在美国，标准普尔公司和莫迪公司有关股票评级情况见表 1－2：

表 1－2　股票评级表

标准普尔		莫迪	说明
投资级	A +	高级	最高级
	A	可以投资级	高级投资级
	A －	中上级	一般水平以上
	B +	中级	一般水平
投资级	B	中下级	低于一般水平投机级
	B －		远低于一般水平
	C	投资级	
	D		需要改组

三、　商业票据的评级

美国有三个机构对商业票据进行评级，他们是莫迪公司、标准普尔公司和费区投资者服务公司。他们根据出票人的管理质量、经营能力和风险、资金周转速度、竞争能力、流动性评价、债务结构、经营前景展望等因素，把出票人分为三级，标准普尔公司是用 A、B、C，作为代号分三级；莫迪公司是中级、高级、投资级，作为代号分为三级。1981 年，标准普尔公司又在级之上，增加。和两级，大约相当于另外两家的级。和标准普尔公司对长期债权的评级相比，相当于三 A 至二，相当于二 A 至 A，相当于到三 B，相当于三 B 到三。根据级别的不同，发行商业票据的利率也相应而异。评级的费用由票人承担，一年由 5000～2.5 万美元不等，外国企业的评级费用，在此基础上还要加付 3500～1 万美元。投资者一般只愿投资于较高级别的票据，较低级别的票据只有降低其利率，否则就少有问津者。

由于我国和西方发达国家的经济发展水平存在一定的差异，因而西方国家考验企业信用等级的指标体系在我国不尽适用。根据我国的国情，其信用等级的表示符号也应区别于西方发达国家，采用较通俗的符号为好。一般说，采用特级、一级、二级、级外的名称来表示企业信用程度的优劣，较为合适。

从我国目前经济发展的状况及趋势来看，信用评估已显得越来越重要。无论是从企业间的经济交往来看，还是从整个国民经济的宏观管理来看，信用评佰都有重要的现实意义和深远的社会意义，它表现在三个方面。

第一，信用评估为有计划商品经济的健康发展创造了条件。

信用评估是适应有计划商品经济发展的宏观需要，为信用良好的企业树立形象，提高社会知名度。

在经济体制改革中，我国经济体制从计划经济经济为主转向有计划的商品经济，企业在经济活动中的自主权逐渐扩大，企业之间的商业信用活动也越来越频繁。商业信用的扩大，随之而来的风险性也在增大。因此，企业的信用状况如何，已备受人们的关注。任何交易的双方都在努力了解对方的信用，提高自身的信用，减少不守信用而带来的风险。为了促进商品经济的发展，引导企业正确地进行信用活动，由第三者客观、公正地为企业进行信用评估、确定信用等级是十分必要的。

第二，信用评估为我国投资选择良好的环境，特别是为中长期投资选择良好的环境，避免或减少损失。

信用评估是适应企业发行期票、股票、债券的需要，引导商业信用纳入符合经济规律的轨道，为开拓中长期资金市场创造条件。在深化经济体制改革中，商业信用将进一步开放，国家允许部分企业进行股份制的试点，向社会发行股票，逐渐允许大中型企业发行债券筹集资金，并允许股票、债券上市买卖。为了保障销售单位和投资者的利益，有必要对发行期票、股票，债券的企业进行信用评估，确定其信用等级，向社会公布，让购货方了解供货方、投资者了解所投资的企业信用情况，最大限度地减少风险。

第三，信用评估为短期投资选择良好的环境。

信用评估是深化“择优扶植”修信贷原则的需要，使信用评估成为流动资金管理和制定贷款政策、管理好贷款的一项新内容。在金融体制改革中，金融部门作为货币的经营者，必然要承担贷款投资的风险。为了减少风险，提高贷款投放使用效益，金融部门必然选择信用好、效益高的企业作为贷款投资对象；对信用不好的企业，则按限劣的政策，停止发放信用贷款或不投资。有的采用抵押贷款，有的甚至不贷款，还要收回原来的贷款。金融部门要准确地区分企业信用的优劣，就需要通过信用评估，取得科学的依据，避免主观臆断而造成失误。

第四节　评估的对象和条件

一、评估对象

评估对象是指申请信用评估的单位，它回答评估机构对哪些单位进行信用评估。

我国目前实行“对外开放、对内搞活”的政策，商品经济逐步走向繁荣，参与整个社会经济运行的单位越来越多，各种经济成分共同发挥各自优势，成为我国目前社会经济结构中不可缺少的组成部分。因此，为适应客观经济发展的需要，评估对象一般应包括参与社会经济运行的各种经济成分的企业。其中有全民所有制企业，集体所有制企业、个体企业、中外合资企业、外资企业、股份制企业，等等。

第一，全民所有制企业是我国目前社会生产主体，在国民经济运行中起主导作用。但是，在过去大一统的体制下，全民所有制企业由于产供销统统由国家包揽，对企业自身的信用状况不关心。改革之后，承包责任制的推行，打破了大锅饭，信用需求日益增长。对全民企业进行信用评估，有利于国家掌握这些骨干企业的信用状况，使这些企业在有计划商品经济条件下，认清自己地位，发挥应有的作用。

第二，集体所有制企业在我国目前为数众多，其生产、经营是我国社会主义经济的重要组成部分，经济体制改革以来，其地位越来越显得重要。对这些企业进行信用等级评估，无疑对我国现阶段的经济发展具有重要的意义。

第三，外资、中外合资、股份制企业是党的十一届三中全会以来，新涌现出来的经济成分。这些企业的建立对摸索一条有中国特色的社会主义经济建设道路具有崭新的意义。对这些企业进行信用等级评估，为国家在制定政策、调整产业结构等方面提供了重要依据。同时，对促进我国经济发展大有益处。

第四，个体企业是我国社会主义初级阶段存在的合理的经济成分。对个体企业实行信用等级评估，为国家各综合管理部门了解个体企业的发展状况提供依据。

二、 评估对象必须具备的条件

凡具备下列条件的工商企业，均可申请信用等级评估。

第一，必须是经县以上主管部门和工商行政管理部门批准设立、依法登记注册、持有证明文件的企业。评估机构进行评估前，首先要审查企业的合法性。凡是符合国家规定允许开办的企业，由工商行政管理部门发给营业执照。评估机构才能实施评估。

第二，必须是实行独立核算的企业。这类企业在国家的统一领导和管理下，具有经营自主权，有独立的经营资金，按国家的政策法令进行业务活动，独立计算盈亏，独立处理债权义务，有权同其他单位订立经济合同，有单独的业务和财务计划、会计报表。

第三，必须是拥有一定自有资金的企业。随着有计划商品经济的繁荣，商品经济的消极产物——“皮包公司”“买空卖空”应运而生。为保证经济的正常运行，对没有自有资金（包括流动资金和固定资金）的单位或企业，一律不实施信用等级的评估。

第四，必须是在银行开立账户的企业。经批准设立的工商企业单位，必须在专业银行开立账户，经济往来置于国家银行的监督之下。经人民银行批准开业的其他金融企业，必须在人民银行开立账户，使金融企业置于金融管理部门的监督之下。

第二章　信用等级评估的指标体系

对企业进行信用评估，首先必须制定一套能反映企业信用状况的指标体系。信用评估，应该是客观的、公正的科学评价，不能凭主观臆断、“拍脑袋”，更不能走过场。对企业的信用状况，不仅要作定性分析，更要做定量分析。因此，必须建立一个科学的、符合中国国情的评估指标体系。这个指标体系，必须全面地、综合地、客观地反映企业的信用状况。在指标的设置上，既要有定量的硬指标，又要有定性的弹性指标。这里根据我国目前的国情，综合参考有关单位的做法，运用系统工程的思想方法，初步制定出一套暂行的企业信用评估指标体系。

第一节　指标体系

企业信用等级评估的指标体系主要由资金信用、经济效益、经营管理能力、发展前景预测四个部分组成。工业企业和商业企业分别各有20项具体指标。

一、　工业企业具体指标

1. 资金信用部分

有资产负债率、短期支付能力、应付货款逾期率、贷款归还能力、货款回收率等涉及企业原始基础数据 26 个。

2. 经济效益部分

有全部资金利税率、销售收入利税率、全部流动资金周转天数、人均利税额等涉及企业原始基础数据 12 个。

3. 经营管理能力部分

有合同履约率、成品资金周转率，资金管理能力、科学管理水平、领导层次的综合能力等涉及企业原始基础数据 19 个。

4. 企业发展前景部分

有主要产品寿命周期、新产品开发能力、产品出口创汇能力、工艺技术和装备水平、固定资产净值率，经验评价等涉及企业原始基础数据 15 个。

二、 商业企业信用评估具体指标

1. 资金信用部分

有资产负债率、短期支付能力、应付货款逾期率、贷款归还能力、货款回收率等涉及企业原始基础数据 26 个。

2. 经济效益部分

有全部资金利税率、销售收入利税率、全部流动资金周转天数、人均利税额等涉及企业原始基础数据 12 个。

3. 经营管理能力部分

有合同履约率、商品资金周转率、资金管理能力、科学管理水平、领导层次的综合能力等涉及企业原始基础数据 19 个。

4. 企业发展前景部分

有利税递增率、年销售收入递增率、效益、资金对比率、企业发展规划及落实情况、服务质量经验评价等涉及企业原始基础数据 13 个。

第二节　原始数据

原始数据又称原始基础指标，是由被评估企业提供的反映企业信用状况的时点数据和时期数据，以及被评估企业反映信用状况的其他原始指标。工业企业和商业企业略有区别。

一、 工业企业反映信用状况的原始数据

1. 定量指标

（1）定额流动资产合计

（2）现金

（3）银行存款

（4）应收及预付款

（5）发出商品

（6）流动资金借款合计

（7）应付及预收款

（8）欠交税利

（9）流动资金临时借款合计

（10）逾期应付货款

（11）逾期应付加工费

（12）原材料采购款

（13）加工费支出

（14）逾期罚息支出

（15）展期贷款应计利息额

（16）贷款利息支出总数

（17）本年货款回收总数

（18）年初应收货款余额

（19）本年销售额

（20）年实现利税总额

（21）流动基金

（22）固定基金

（23）借入基金

（24）拨入基金

（25）专用基金参加生产周转数

（26）商品销售收入

（27）全部流动资金平均占用额

（28）企业平均职工人数

（29）本企业毁约的合同个数

（30）应履约合同个数

（31）库存商品平均占用额

（32）在途商品平均占用额

（33）年销售成本总额

（34）近一二年开发的新产品产值

（35）全部产品产值

（36）出口产品产值

（37）固定资产净值

（38）固定资产原值

2. 定性指标

（1）资金目标管理状况

（2）资金分级归口管理状况

（3）资金自补制度执行状况

（4）财务收支计划编制执行状况

（5）经济活动分析开展情况

（6）质量管理状况

（7）技术管理状况

（8）信息管理状况

（9）计算机开发和应用情况

（10）领导班子的群体结构情况

（11）领导班子的专业结构

（12）厂长负责制执行情况

（13）组织体制和形式

（14）导入期产品占全部产品产值百分比

（15）成长前期产品占全部产品产值百分比

（16）成长期产品占全部产品产值百分比

（17）成熟期产品占全部产品产值百分比

（18）衰退期产品占全部产品产值百分比

（19）设备装备能力

（20）工艺技术水平

（21）执行国家法令、政策情况

（22）其他印象

工业企业信用评估原始数据中，定量的数据有 38 项，定性指标有 22 项，合计 60 项。

二、 商业企业反映信用状况的原始数据

1. 定量指标

（1）商品及材料

（2）在途商品

（3）现金

（4）银行存款

（5）应收及预付款

（6）发出商品

（7）流动资金借款合计

（8）应付及预收款

（9）欠交税利

（10）流动资金临时借款合计

（11）逾期应付货款

（12）逾期应付加工费

（13）商品及材料采购款

（14）加工费支出

（15）逾期罚息支出

（16）展期贷款应计利息额

（17）贷款利息支出总额

（18）本年货款回收总数（批发）

（19）年初应收货款余额（批发）

（20）全年销售额（批发）

（21）年实现利税总额

（22）流动基金

（23）固定基金

（24）借入基金

（25）拨入基金

（26）专用基金参加周转数

（27）商品销售收入

（28）全部流动资金平均占用额

（29）企业职工人数（平均数）

（30）本企业毁约的合同个数

（31）应履约合同总数

（32）库存商品平均占用额

（33）在途商品平均占用额

（34）年销售成本总额

（35）上年度利税总额

（36）上年度销售收入

（37）上年度全部资金平均占用额

2. 定性指标

（1）资金目标管理

（2）资金分级归口管理

（3）资金自补制度

（4）财务收支计划

（5）经济活动分析

（6）质量管理

（7）技术管理

（8）信息管理

（9）计算机开发及应用

（10）领导群体结构

（11）领导的专业结构

（12）厂长负责制执行情况

（13）组织体制的形式

（14）经营前景的规划及措施落实情况

（15）服务态度

（16）售出商品是否执行三包制度

（17）执行国家政策、法令情况

（18）其他印象

商业企业信用等级评估原始数据中，定量数据有 37 项，定性指标有 18 项，合计 55 项。

第三章　参照值

第一节　参照值

评估参照值是指衡量企业在评估期内，指标体系的计算结果先进与落后，判定可获得多少分值的标准值。按理说，评估参照值在我国应有统一的标准值，但由于我国过去对企业信用评估没有开展，以国家信用代替了企业信用，目前对新的形势，这方面工作难以在短期内完善。因此，目前评估参照值只能根据我国实际情况，参照同行业和本企业历史先进水平选定。

第二节　参照值选定的系统性

参照值的指标体系和评估期的指标体系是各因素之间相对应的关系，可从系统工程思维的角度设计。因此，考虑各因素密切相关，这就要求在选择参照值指标体系时，原则上要注意到各指标间的相关性和总体上的系统性。

第三节　参照值选择的种类及方法

第一类，以同行业水平作为参照值。这里面有两个问题要注意：一是同行业的先进水平，二是同行业的平均水平。一般采取以同行业的平均水平作为参照值较为合适。另外，在同行业水平中，还有一个区域性的问题。一是本地区同行业，二是国内同行业，三是国际同行业。三套参照值选取的难度差别较大，一般以国内同行业水平作基础参照值，国际、本地区有关指标予以补充修正。

第二类，以企业历史先进水平作为参照值。在以同行业平均水平作为参照值遇到较大难度的情况下，可选用企业历史先进水平作为参照值。因为参照值和整个指标体系各因素相关极强。例如，指标体系中的直接相关因素销售收入扩大，利税中的销售税金必然增大。如果其他条件不变，人均利税额必然反映上升。同样，和销售收入相关的一系列指标，在其他条件不变情况下，一律呈变化趋势。另外，还存在与之间接相关的因素。例如，销售收入增大，销售资金率不变的情况下，资金占用必定上升，可能造成银行借款、应付货款等指标上升，有可能呈现资产负债率变化，也有可能造成应付贷款逾期率扩大的情况。以上几例证明了参照值指标体系各因素密切相关，一是因素相关，二是量相关，三是相关量、相关因素间不呈等比例变化。证明相关的主要原因是要提醒我们，在选择参照值时，时间上一定要一致，一定要保持原有指标体系的完整性，也就是指，如某企业 1980 年为历史先行水平，那么，整个指标体系的选取都定为这一年的数据和因素（特殊情况可以调整少量弱相关指标），至于其他年份某部分指标或同行业水平、国际某些不成体系的指标很先进，只能作为参考数据，不能列入指标体系。

第三类，以企业的目标水平作为参照值。首先，应考虑到整个指标体系的完整性和相关性，其各因素之间量的相关性也应考虑到，在采取企业目标水平为参照值时应慎重。

第四类，以企业历年数据环比情况为参照值。这是一种弹性较大的参照值，一般在预测被评估企业未来较好，但评估期指标体系指标数不理想，历年数据呈起伏状曲线的情况下，也可用来作为选取其个别参照值方法的补充。

企业信用等级评估实践经验证明，就目前情况来看，以企业历史先进水平的年份指标为基础，参考同行业水平指标制定参照值比较切合实际。

第四章　评估指标的分析和计算

评估参照值指标体系和评估年份的指标体系是一一对应关系。下面介绍评估年份评估值的分析计算。了解了该计算方法之后，参照值的具体计算方法在参照年份选定后，其计算过程基本和计算评估值方法一致。

评估期指标体系中，各个单项指标的计算结果作为评估值。评估位的计算依赖于被评估企业在评估年份提供的各项评估指标的基础数据。评估时基础数据选取正确与否，直接关系到评估值的高低，影响到评分的高低。

由于各企业在申请进行信用评级的时间上不能一致，这样如何使评估值显得具有可比性，是一个重要问题。

第一节　定量指标的计算

在定量指标的计算过程中，目前，暂时以年度指标为评估基础数据，基本规定如下：凡企业在上半年 1— 6 月（包括 6 月）申请进行信用评级的，一律采用上年末指标。凡企业在下半年 7—12 月（含 12 月）申请进行信用评级的，一律换算指标，运用各月平均数折算全年指标的方法换算为年度数，同时在换算后要深入企业调查，听取意见，将各种主客观因素进行分析后进行计算，对换算出的年度数予以修正，使预测数更接近于实际。

第二节　定性指标的分析判断

定性指标的分析和判断是一个难度较大的问题。定性指标往往弹性较大，在具体实施评估中，把握定性指标的高低是主要问题。由于企业所在地区、行业等客观因素有区别，在对定性指标进行分解层次和分解因素量以后，很难反映这些指标的可比性，从而没有严格的量的判断标准，因此，只能以模糊的、定性的方法，即：好、一般、不良这类分析意见来作为判定结果。

第五章 企业信用等级评定

信用级别划分的基础是评分，评分的依据是评估值的参照值上比较的差异程度。不同的具体指标，其差异程度的评分标准也不一致。目前暂时采用的评分办法，针对两种参照值的选取方法分别介绍如下：

第一，若以企业历史先进水平或企业目标水平作为参照值，则按指标体系每一项指标的比较结果计分，一般为：

（1）评估值达到或优于参照值水平者，在没有特殊因素情况下，给予该项指标的满分。

（2）评估值与参照值相比，评估值劣于参照值时，差异在 10% 以内者，按每差异 1%，从满分的 90% 开始扣分，一直扣到满分的 60% 为止。

试对某企业短期支付能力的评分见表 5－1：

表 5－1 某企业短期支付能力

参照值	评估值	差异	满分值	每差异 1% 的分值	评分值
55%	54.38%	1%	5	0.15	4.35 分

①参照值为企业历史先进水平，具体计算见附表。

②评估值为企业评估年度数值，计算方法见附表。

③差异 $=1-\dfrac{\text{评估值}}{\text{参考值}}$

④满分值。为此项评估指标在评估指标体系中应得分配的最高分值。该项指标满分为 5 分。

⑤每差异 1% 的分值。因为该项指标达 100% 时，为满分 5 分，而当

实际指标差异在 10% 以内，则给予 60% ~90% 的分值，即：差异在 10% 以内时，给分为 3 ~4. 5 分。变动区间，进而推出：在 60% ~90% 差异区间内每差异 1% 的分值为 0. 15 分。

⑥评分值，因差异在 10% 以内为 1%，则首先最高分值只能给满分的 90%，即 90% ×5 =4. 5 分，然后按每差距百分之一扣分，即：4. 5 分 - 0. 15 分 =4. 35 分。

由此可推出直线方程：

Y = 评分百分比

X = 差异百分比

定义域：Y ∈ （60%，90%）

X ∈ （0，10%）

方程为：$Y = 0.9 - 3X$

图像如下：

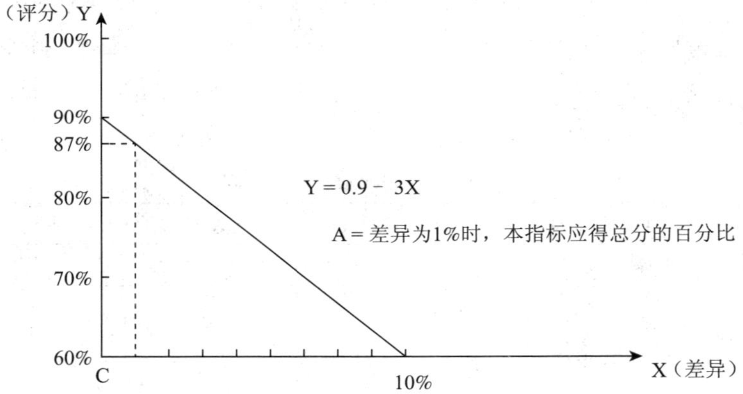

当差异为 1% 时．则有：

$$Y = 0.9 - 3X \rightarrow Y = 0.9 - 3 \times 0.01$$

$$= 0.9 - 0.03$$

$$= 0.87$$

应得分数：5（满分）×0. 81 =4. 35（分）

（3）评估值与参照值相比，差距大于10%者，可视其情况给予满分的60%以下的分值。

第二，若以企业历年数据的环比情况为参照值依据者，则应根据企业历年数据的增减情况，分析其主客观因素，并预测在确定企业享有等级资格的时间内的总趋势后，朱清评出接近于客观实际的分值。

评估指标体系的各项指标中，大部分是定量指标，少数是定性指标。在给定性指标评分时，一定要深入企业，核实定性指标所要求的内容，实事求是地评出客观的分值。

评估指标体系各项分值评定后，将其分值汇总求得总分，据以划分企业信用等级。目前划分等级的暂行标准见表5－2：

表5－2　等级划分暂行标准

信用等级	评分总值（分）	说明
特级	91～100	信用程度极好
一级	81～90	信用程度优良
二级	71～80	信用程度较好
三级	60～70	信用程度一般
级外	59以下	信用程度较差

信用等级根据分值确定后，写出评估报告，评估报告一般由以下七个部分组成：

①企业概况。

②资金信用评估。

③经济效益评估。

④经营管理能力评估。

⑤企业发展前景预测。

⑥企业信用状况总评价。

⑦评估报告的各类附表及说明。

评估报告的编写是对评估指标体系中各项具体指标运算的分析说明。本着实事求是的态度，客观反映评估结果，肯定企业的信用状况好的方面，反映企业信用状况不足之处，并提出针对性的建议。具体的评估分析方法将在后几章逐一进行介绍。

第六章　信用等级的有效期限

由于经济发展前景有不确定性存在，经评估确定企业信用等级后，企业享有某信用等级社会权利的有效期限的确定是一个至关重要的问题。

一般来说，有效期的确定，应以企业近三年评估指标体系的计算结果作为依据，再参考其波动性情况及发展趋势，通常有效期不超过一年。因为信用等级评定后，在今后多长时间能保持这个信用等级的必达条件，是一个预测值，不论根据何种预测理论和方法，预测时间越长，往往置信区间越大，准确性也越差，反之预测时期越靠近基期，则准确性越强。因为我国目前处于新旧体制的交替时间，影响预测值的各相关因素很多，有政策性的，也有行业性、地区性的，还有外贸等因素。所以，为保证信用等级的客观实在性，在确定企业信用等级的有效期限时要慎重，一般不超过一年。对产品市场不太稳定的企业，信用等级的有效期限要适当进行缩短，一般不超过半年。

另外，社会上众多的企业中，在相等时间内，信用的好与差，参差不齐，但是不同长度的时间内，可能出现各种级别上的一致。这就是说，任何一个企业的信用，不可能也不会永远处在一个信用等级上，众多因素的变化都可能使每一企业的信用等级发生跳动，时好时差。当然就我国目前企业经营的状况来看，由于存在一定的先天因素和客观变化因素，有可能呈现出各企业之间在一个时期中，在各个信用等级的时间长度上不一致。有的具备一级信用企业的时间较长，居于二级、三级时间较短，也有居于二级信用企业的时间较长，居于一级、三级的时间较短。这样在进行信用评级过程中，为促进经济的繁荣，发挥每一个企业在每个时期的最大能量，就要求在评定信用等级的期限上具有一定的灵活性。它主要表现在几个方面：一是有效期为一年的一级或特级企业，这要求特别慎重，一般在有效期内是不予更改降级的。二是根据企业情况预测近期内的信用状况，定出半年、三个月、一个月的特级或一级信用企业，当然，其评估的形式、方法、证书与一年期的有所区别。三是在一年期中，如企业信用确实提高，可提前评定升级，以支持和促进企业不断改善经营管理，为社会多做贡献。

第七章　评估的基本程序

凡可成为信用评估对象的企业，一般按以下评估程序进行：

一是评估的申请和受理。由企业向其贷款银行的经济信息咨询公司提出申请，并填写委托书，由咨询公司登记审定后立项，再由委托、受理双方签订合同。

二是评估的组织和实施。咨询公司承接评估后，应立即组成评估小组，为确保评估工作的科学性和准确性，评估小组的成员应由一定数量的熟悉经济和金融业务知识的人员组成，具体人数应视评估工作难易程度确定，至少为三人。评估小组的成员一般可由以下人员组成：咨询公司正、副经理，从事信用评估业务的人员；联系被评估企业的信贷员，信贷部门正、副科长，正、副股长以及分管行长，并从中确定评估人员的明细分工。

安排制定评估计划，评估小组人员根据实际情况，确定评估工作期限，明确评估小组各成员的分工及完成期限。

深入企业调查。由于评估小组负责人经常变更，深入各评估企业后，应根据评估要求，搜集资料，掌握企业有关历史、现状及前景情况。

根据掌握的资料分析、计算，然后按照评分办法，给予客观的评分。在此基础上，撰写评估报告。报告初稿完成后，应和企业见面，让企业有关领导验证报告中所引用的基础数据，实际事例是否真实，听取企业对分析过程及结果的意见。

此后，由主管信贷科长对初稿进行审阅，对不符合要求的地方提出修改意见，由评估人员修改后提交咨询公司审查，加工定稿、付印。

三是对评估报告的评审。评估报告完成后，由公司聘请有一定资格的人员组成评审委员会。评审委员会成员一般是由地方政府综合经济管理部门人员以及专家教授组成，主要成员有经委、计委、财政、税务、工商行政管理，高等院校、科技部门等单位的有关人员，由公司主持召开评审会议，听取方面意见，最终确定企业的信用等级。

四是对评估结果的信息发布。经评审委员会最终审定为特级和一级信用等级企业，由公司召开企业信用等级信息发布会，颁发《信用优良证书》，向社会予以公布，在报纸、电台、电视台上予以公告。对经评审后为二级以下信用等级的企业，一般不予公布，但评估报告应提交被评估企业。一定时间后，企业仍可再向评估单位申请评定信用等级。另外，对初次申请企业信用等级评估的单位，由评级部门向企业提供信用等级评估报告书。对复评单位，即初次评定信用等级的信用等级有效期满后，再行申级信用评级，可采用企业信用等级评估报告表的方式提供给企业，作为评估结果。评级手续可较报告书简化，其主要内容为指标体系的计算、分析、评分。

第二部分

企业信用等级评估的实践

企业信用等级评定的具体依据及物质零担者是企业信用等级评估报告，评估报告是评估人员深入企业调查研究、分析计算，评价全面企业情况的结晶。因此，对于如何形成评估报告以及形成评估报告的具体方法，对于每一个初涉信用评估工作的人来说，至关重要。通过对合肥地区 90 个工商企业信用评估的实践，以及参考上海等地的兄弟单位信用评估的实践，着重从每一项指标的具体测算入手，分析、介绍信用评估的具体方法。

信用评估的指标体系，工业企业和商业企业都是四大部分。工业企业 20 项指标，商业企业 20 项指标，主要区别在第四个部分，前三个部分大同小异。

信用评估报告主体是四大部分的指标测算和分析，另加企业概况和信用总评价、附表、说明三个部分，共七个部分。对于参照值的选择要重点说明，因为这直接关系到企业信用等级评分的最终依据。一般如选择企业某一年度指标或统一方法时，集中说明理由，如少数指标需采用同行业水平或特殊方法时，需在每个指标评分前作重点说明。下面按评估报告的内容先后顺序，即企业概况、资金信用评估、经济效益评估、经营管理能力评估、企业发展前景预测、附表及说明七个部分逐一介绍。

第一章　企业概况审查

对企业进行信用评估，首先要搞清企业的基本情况及申请评估的条件。对首次申请信用评估的企业，第一步就是对企业概况进行审查，弄清企业的发展史、地理环境、组织机构和人员结构，企业在同行业中的地位，主要产品的产销情况及经营状况，厂区的面积，设备状况、财务状况、及存在的主要问题等，结合对企业的调查资料，如实地、全面地反映企业概况，以形成评估报告的内容，其具体结构的主要思路如下：

第一，企业的发展史。主要写清企业的名称特点和发展过程，写明隶属关系及其变化情况、现有生产规模、主要产品种类和技术水平。

第二，企业所在地及其环境。主要是写清企业具体所在地、原材料和能源供应是否有保障、交通运输条件及其他协作配套条件如何、是否便于内销和外销、周围的环境情况、厂区的面积等。

第三，企业在同行业中的地位及地区的地位。主要写清企业在同行业中，生产、销售、产品质量等方面的地位，写清经济实力在同行业和本地区的地位。

第四，企业的组织机构和人员机构。主要写明企业领导班子人数、平均年龄、知识结构，全厂职工人数、平均技术等级、技术结构、文化水平，企业管理体制、职能部门的设置等等情况。

第五，企业的产销及经营状况通过查看企业的有关报表，分析材料，了解企业近期的产销情况，包括简要地说明企业目前的主要经济指标状况。

第六，企业的设备装配情况。主要反映企业的主要设备台数、技术性能的优劣、工艺的简单情况。

第七，企业在经营过程中所获得的各种荣誉称号及所存在的问题。根据企业概况的反映，要求文字简练、明了，概括地反映企业的全貌。本部分工业企业和商业企业的评估方法基本一致。

第二章　资金信用评估

资金的信用评估主要从资金的流动性、安全性、变现能力等不同角度、不同方面对企业的资金信用状况进行评估，这一部分主要评估五项指标，即：资产负债率、短期支付能力、应付贷款逾期率、贷款归还能力和货款回收率指标。这部分全部为定量指标，一般参照年份选定后，其参照值的计算与评估期指标的计算公式均为一致。按如下方式和步骤进行计算、分析、评分。参照值的原始数值取自参照年份期末企业财务报表。评估期如在上半年，则以上年末财务报表原始数据为准。如在下半年，则首先一律换算为年度数，再根据实际情况予以修正，作为计算评估值的基础数据。下面分各项指标进行说明：

一、　资产负债率

该指标是衡量企业资产负债状况的指标，即反映每百元资产中负债所占的比重有多大。近似于西方会计中的流动比率指标，但有区别。公式如下：

$$资产负债率=\frac{流动资金借款合计+应付及预收款+欠交税利}{定额流动+现金+银行存款+应收及预付货款+发出商品}\times 100\%$$

该指标涉及到的8个因子均来源于工业企业财务报表。在具体实践中，为相对准确起见，一般评估期应换算成指标进行。此项指标就结果来说，一般是值越小越好。值越小，说明百元资产中负债小，进而说明企业偿债风险较小，资金信用度较高。具体计算评分见表2－1。商业企业在评估此项指标时，8个因子除将定额流动资产改为商品材料（在途商品）外，其他评估方法和工业一致。

二、 短期支付能力

该项指标是反映工商企业立即偿付债务的能力，也是指变现能力。接近于西方会计中的速动比率，或称酸性试验。公式如下：

$$短期支付能力=\frac{现金+银行存款+应付及预收款+发出商品}{流动资金临时借款合计+应付及预收款+欠交税利}\times 100\%$$

该项指标有 7 个因子，数据来源于工商企业财务报表，其中流动资金临时借款合计数，在不同地区可能表现不一致。前些年，在流动资金借款分类中，没有能严格划分，评估中遇此类问题，要具体情况具体对待。该指标值为越大越好，大就表示短期支付能力强。短期支付能力的计算这一部分，工商企评估方法基本一致。具体计算评分见表 2－2。

三、 应付货款逾期率

该项指标是反映企业是否按期付货款的指标，也是间接反映企业信用合同执行好坏的指标，公式如下：

$$应付货款逾期率=\frac{逾期应付款+逾期应付加工费}{原材料采购费+加工费支出}\times 100\%$$

公式中涉及到的 4 个因子来源首先以财务报表中应付购货款等指标为源头。接着查看有关明细账，核实各项因子的实际数。该项指标为越低越好，低就反映企业信誉好。同时，对由于不是该企业主观原因所造成的临时挂账，可视具体情况处理。应付货款逾期率的计算，具体计算评分见表 2－3。商业企业在评估该项指标时，4 个因子中，除原材料采购款改为商品及材料采购款，其他和工业企业基本一致。

四、 贷款归还能力

该指标是反映工商企业是否执行贷款合同，是否按期归还贷款的指标，公式如下：

$$贷款归还能力=1-\frac{逾期贷款罚息支出+展期贷款应计利息额}{贷款利息支出总额}\times 100\%$$

公式中涉及到的 3 个因子来源于三个方面。首先，开户行会计账户，其次，贷款记录，罚息和展期纪录。第三，企业有关账簿。该项指标值越大越好。大表示企业贷款归还能力强，具体计算评分见表 2－4。

五、 货款回收率

该项指标是反映企业货款回收情况的指标。也间接反映企业商品（产品）的质量、债格、服务方面的情况。公式如下：

$$货款回收率=\frac{本年销售额-期末应收贷款}{本年销售额}\times 100\%$$

公式中的分子部分，反映的是企业评估中年份实际收回的贷款数，分母反映的是企业应收回的货款总额。原始数据可通过财务报表取得，此项指标值为越大越好。大表示货款回收速度快，间接反映企业在产品（商品）质量、价格等方面较为优良和合理。具体计算评分见表 2－5。商业企业评估该项指标时，公式改为：

$$货款回收率=\frac{本年销售额（批发）-期末应收贷款余额（批发）}{本年销售额（批发）}\times 100\%$$

其他和工业企业评估一致。

资金信用评估 5 项指标的满分值为 25 分。评估时，根据评分标准，给予合理的分值。文字评价的主要内容则是对评估过程的具体分析判断的描述，肯定其长处，提出不足之处的改进意见。

工业企业资产负债率计算表

表 2－1　　　　**19　　年　　月　　日**　　　　**单位：**

序号	项目 / 数据 / 因素	满分值	参照值	前三年	前三年	前二年	前一年	评估期	评分值	备注
1	定额流动资产合计									
2	现金									
3	银行存款									
4	应收及预付款									
5	发出商品									
6	流动资金借款合计									
7	应付及预收款									
8	欠交税利									
9	$\frac{6+7+8}{1+2+3+4+5}\times100\%$									
	分值	6								

工业企业短期支付能力评价计算表

表 2－2　　　　　19　年　月　日　　　　　单位：

序号	项目 / 数据 / 因素	满分值	参照值	前三年	前三年	前二年	前一年	评估期	评分值	备注
1	现金									
2	银行存款									
3	应收及预付款									
4	发出商品									
5	流动资金临时借款合计									
6	应付及预收款									
7	欠交税利									
8	$\frac{1+2+3+4}{5+6+7}\times 100\%$									
	分值	5								

工业企业应付货款逾期率计算表

表 2－3　　　　19　年　月　日　　　　单位：

序号	项目 / 数据 / 因素	满分值	参照值	前三年	前三年	前二年	前一年	评估期	评分值	备注
1	逾期应付货款									
2	逾期应付加工款									
3	原材料采购款									
4	加工费支出									
5	$\frac{1+2}{3+4}\times 100\%$									
	分值	6								

工业企业贷款归还能力计算表

表 2-4　　　　19　年　月　日　　　　单位：

序号	项目 / 数据 / 因素	满分值	参照值	前三年	前三年	前二年	前一年	评估期	评分值	备注
1	逾期罚息支出									
2	展期贷款应计利息额									
3	贷款利息支出总额									
4	$(1-\frac{1+2}{3})\times100\%$									
	分值	5								

工业企业贷款归还能力计算表

表 2－5　　19　年　月　日　　单位：

序号	项目 / 数据 / 因素	满分值	参照值	前三年	前三年	前二年	前一年	评估期	评分值	备注
1	本年销售额									
2	期末应收利息									
3	$\frac{1-2}{1}\times100\%$									
4	分值	3								

第三章　经济效益评估

经济效益评估主要是从资金使用效益、管理效益等角目对企业进行评估。其主要内容是四项指标，即全部资金利率、销售收入利税率、全部流动资金周转天数、人均利税额。该部分全部为定量指标，其参照值和评估值的选取方法，同第二章中的方法。下面将具体指标分别说明。

一、　全部资金利税率

该项指标是衡量工商企业全部金综合使用效益的指标公式如下：

$$全部资金利税率=\frac{年实现利税额}{流动基金+固定资金+介入资金+拨出资金+专用基金参加周转数}\times 100\%$$

该指标涉及到的 7 个因素来源于企业财务报表，下半年实施评估时，需换算为年度指标，予以修正后计算。其中，专用基金参加周转数，可用资产负债表中专用基金来源和占用方的轧差数。该项指标值越大越好，大表示资金使用效益好。商业企业的评估方法，基本上和工业一致。具体计算评分见表 3－1。

二、　销售收入利税率

该指标是衡量工商企业盈利能力的指标，一是反映企业的盈利水平；二是反映企业的销售状况。公式如下：

$$销售收入利税率=\frac{年实现利税额}{销售收入（成本价）}\times 100\%$$

该项指标涉及到的 2 个因素均来源于企业财务报表。评估值计算中，在下半年评估的企业，需将数字换算为全年数，修正后予以使用。销售收入成本价是指不包括销售税金和销售利润部分的销售成本。该项指标越大越好。大表示企业销售盈利水平高；商业企业进行评估时，方法与工业企业评估基本一致。具体计算评分见表 3－2。

三、 全部流动资金周转天数

该项指标是衡量工商企业流动资金利用率的指标，间接反映企业流动资金使用效益。公式如下：

$$全部流动资金周转天数=\frac{全部流动资金平均占用额}{商品销售收入}\times 100\%$$

该指标涉及到的 2 个因子均来源于企业报表。公式中全部流动资金平均占用额包括定额流动资金占用和非定额流动资金占用两个部分。下半年进行评估时，需换算为全年平均数。同理，商品销售收入需换算为全年数，根据客观情况调查修正后，再进行使用。该项指标值越小越好。指标值小表示资金利用率高，周转速度快。商业企业在评估时，方法与工业企业基本一致。具体计算评分见表 3－3。

四、 人均利税额

该指标是衡量企业劳动生产率、利润水平、销售收入的综合指标，主要是反映企业的劳动生产率水平。公式如下：

$$人均利税额=\frac{年实现利税总额}{企业平均职工人数}\times 100\%$$

该指标涉及到的 2 个因子均来源于财务报表。分子中计算利税总额时，只需将主要税种的纳税额加上利润总额即可。在具体计算中，只需将销售税金（以销售额为基数计算的税金），加上利润总额即可。因为以利润为基数计算的税金无需从利润中分出。其他列入成本的税金如车船执照税、房产税等税种，因金额较小，可酌情考虑是否列入计算，但参照值和评估期在计算时，取舍的税种前后必须保持一致。在换算为年度指标的同时，注意修正，保证校对准确性。商业企业在进行评估时，方法与工业企业基本一致。具体计算评分见表 3－4。

经济效益评估 4 项指标的满分为 20 分，评估时进行分析、对比，根据评分标准给予合理的分值。

工业企业全部资金利税率计算表

表 3－1　　　　**19　　年　　月　　日**　　　　**单位：**

序号	项目 / 数据 / 因素	满分值	参照值	前三年	前三年	前二年	前一年	评估期	评分值	备注
1	年实现利税额									换算
2	流动基金									
3	固定基金									
4	借入资金									
5	专用基金参加生产周转数									
6	拨入基金									
7	$\frac{1}{2+3+4+5+6}\times 100\%$									
	分值	6								

工业企业销售收入利税率计算表

表 3－2 **19 年 月 日** **单位：**

序号	项目 / 数据 / 因素	满分值	参照值	前三年	前三年	前二年	前一年	评估期	评分值	备注
1	年实现利税总额									
2	产品销售收入（成本价）									
3	$\frac{1}{2}\times 100\%$									
	分值	4								

工业企业全部流动资金周转天数计算表

表 3－3　　　　**19**　年　月　日　　　　单位：

序号	项目／数据／因素	满分值	参照值	前三年	前三年	前二年	前一年	评估期	评分值	备注
1	全部流动资金平均占用额									
2	产品销售收入									
3	$\frac{1}{2}\times 360$（天）									
	分值	7								

工业企业人均利税额计算表

表 3－4　　　　19　年　月　日　　　　单位：

序号	项目 / 数据 / 因素	满分值	参照值	前三年	前三年	前二年	前一年	评估期	评分值	备注
1	年实现利税总额									换算
2	企业职工人数									
3	$\frac{1}{2}\times100\%$									
	分值	3								

第四章　经营管理能力评估

经营管理能力的指标包括五项指标，即：合同履约率、商品成品资金占用率、资金管理能力、科学管理水平、领导层次的综合能力。其中，合同履约率和商品成品资金占用率为定量指标，其余三项为定性指标。在进行定性指标的评估时，要认真对待，对规定的项目内容，要根据开展的不同，深入调查，分析，给予确切的分值。下面分别说明：

一、　合同履约率

$$合同履约率 = \left(1 - \frac{本企业履约的合同个数}{应履行合同个数}\right) \times 100\%$$

本指标涉及到的 2 个因子来源于企业合同管理部门。据评估实践，不少企业合同管理制度不严、不完善，毁约合同甚至不保留。针对这种情况，在评估时，凡合同管理制度不完善或未建立的，暂酌情扣 0.5 ~1 分。凡本企业毁约同，除国家制度规定必须毁约外，其他不论主客观因素，一律计为本企业毁约合同。对方企业毁约合同不包括在内。商业企业评估和工业企业基本一致。具体计算评分见表 4 –1。

二、　商品成品资金占用率

该指标是反映工商企业产品（商品）是否适销对路的指标。公式如下：

$$商品成品资金占用率 = \frac{库存商品平均占用额 + 发出商品平均占用额}{年销售成本总额额} \times 100\%$$

该指标涉及到的 3 个因子来源于企业的财务报表。分子中的两项指标，评估时对其参照值相比变动情况应说明原因，将客观原因列出，作为修正评分的依据，该项指标值越小越好，指标值小表示产品适销对路，积压产品越少，清仓利库有成效。货款回笼较快，具体计算评分见表 4－2。商业企业在进行评估时，方法与工业基本一致。

三、 资金管理能力

该指标是一个定性指标，主要考核工商企业财务部门资金管理能力。其内容主要考核企业资金的目标管理、资金分级归口管理、资金自补制度、财务收支计划及经济活动分析等制度制订和执行情况，与同行业比较属好的，一般给评分 5～6 分，属一般的为 3～5 分，属差的为 2～3 分（不含 3 分）。该项指标的满分为 6 分。工商企业评估与工业企业方法一致。具体计算评分见表 4－3。

四、 科学管理水平

该项指标为定性指标，主要评估内容为工商企业管理系统的现代化程度在同行业的水平。其中包括产品质量管理、技术管理、信息管理、计算机开发和应用等方面。一般在和同行业水平比较中，属以上者可评岁 6 分；接近者，可评 4 分；以下者，评为 2 分。该项指标评估的弹性较大，具体评估时要慎重对待，工商企业评估方程基本一致。具体计算评分见表 4－4。

五、 领导层次的综合能力

该项指标为定性指标，弹性较大。主要评估工商企业领导班子群体结构（指年龄和合作情况）、专业结构（指各专业所占比重、学历所占比重），厂长负责制执行情况、组织体制和形式与同行业比较，强为 3 分；一般为 2 分；弱为 1 分。具体计算评分见表 4－5。

经营管理能力评估五项指标，满分和为 25 分。评估时，尤其是定性指标，评估要符合客观实际，要有评分依据。工商企业评估方法基本一致。

工业企业合同履约率计算表

表 4－1　　　　19　年　月　日　　　　单位：

序号	项目 / 数据 / 因素	满分值	参照值	前三年	前三年	前二年	前一年	评估期	评分值	备注
1	本企业毁约的合同个数									换算
2	应履约合同个数									
3	$1-\frac{1}{2}\times 100\%$									
4	分值	4								

工业企业成品资金占用率计算表

表 4－2　　　　19　年　月　日　　　　单位：

序号	项目 / 数据 / 因素	满分值	参照值	前三年	前三年	前二年	前一年	评估期	评分值	备注
1	库存产品平均占用额									
2	在途商品平均占用额									
3	年销售成本总额									
4	$\frac{1+2}{3}\times 100\%$									
5	分值	6								

工业企业资金管理能力分析表

表 4－3　　　　19　年　月　日　　　　单位：

序号	项目 / 数据 / 因素	满分值	参照值	前三年	前三年	前二年	前一年	评估期	评分值	备注
1	资金目标管理									每个因素平均得分为 1.5（64）分，其中：较好、一般、不良得分分别为 1.5、1、0.5，用“√”表示。
2	资金分级归口管理									
3	资金自补制度									
4	资金收支计划及经济活动分析制度执行情况									
5	分值	6								

工业企业科学管理水平分析表

表 4－4　　　　19　年　月　日　　　　单位：

序号	项目 数据 因素	满分值	参照值	前三年	前三年	前二年	前一年	评估期	评分值	备注
1	质量管理									每个因素平均得分为 1.5 分，其中：较好、一般、不良得分分别为 1.5、1、0.5，用“√”表示。
2	技术管理									
3	信息管理									
4	计算机开发和其他									
5	分值	6								

工业企业领导层次综合能力分析表

表 4-5　　　　**19　年　月　日**　　　　**单位：**

序号	项目 / 数据 / 因素	满分值	参照值	前三年	前三年	前二年	前一年	评估期	评分值	备注
1	领导的群体结构									每个因素平均得分为 0.75（3）其中：较好、一般、不良得分分别为 0.75、0.5、0.25，用“√”表示。
2	领导的专业结构									
3	厂长负责制执行情况									
4	组织体制和形式与同行业性比较									
5	分值	3								

第五章　企业发展前景评估

企业发展前景评估与前几项评估有所区别，因工商的经营方式，换算过程等方面有较大差别。因此，在本中将工业企业发展前景和商业企业发展前景评估分别予以说明。物资供销企业、交通企业及其他类型的企业在进行评估时，可根据企业性质和特点，综合选择该部分指标进行评估。本指标体系中，工业企业和商业企业均为六项指标。

第一节　工业企业发展前景评估

企业发展前景评估和前几项评估有所区别，该部分的六项具体指标，其主要内容为：主要产品寿命期、新产品开发能力、产品出口创汇能力、工艺技术和装配水平、固定资产净值率、经验评估。其中，定性指标和定量指标各三项：

一、　主要产品寿命周期

该项指标为定性指标。产品寿命周期一般难以严格掌握划分标准，这取决于各地区、各部门国内外的经济发展水平。一般发达国家产品寿命周期较之发展中国家的产品寿命周期短。技术进步是决定产品寿命周期的重要因素。在我国不同地区产品寿命周期的显示，主要表现在产品的销售量和销售价格上。我们且粗略地将产品寿命周期分为五大部分：导入期、成长前期、成长期、成熟期和衰退期。其判别的简单方法主要从销售量和销售价格两方面进行。一般来说，导入期阶段的产品，销售量很小，但价格一般不稳定，同可替代产品的价格比较便可得出。成长前期产品，一般销售量缓慢上升，价格趋于稳定。成长期产品的特点是销售量大幅度上升，供不应求，价格逐步提高。成熟期产品一般产销平衡，价格从稳定向降低发展。衰退期的产品一般价格和销售量呈下降趋势。评估时，因为各地区经济、交通等客观条件的约束，评估人员要认真调查，评定较为确切的分值。该项指标最高分为 7 分，即产品的成长期阶段；其次成熟期为 5 分；成长期前期为 4 分；导入期和衰退期为 3 分。具体计算评分见表 5－1。

二、 新产品开发能力

该项指标是考核企业应变能力以及技术水平等方面的综合能力，为定量指标。公式如下：

$$\text{新产品开发能力}=\frac{\text{近一二年开发的产品产值}}{\text{全部产品的价值}}\times 100\%$$

该指标涉及到的 2 个因子取自于企业财务报表。产值的计算一般不采用 80 年不变价格，因为近期开发的新产品不属于可比产品，其产值的换算容易造成误差，故全部采用现行价格计算。该指标值越大越好。指标值大，表示企业的产品更新换代快，开发能力强。具体计算评分见表 5－2。

三、 产品出口创汇能力

该指标为定量指标。评估目的是为反映企业产品走向国际市场的能力。公式如下：

$$\text{产品出口常会能力}=\frac{\text{出口产品产值}}{\text{全部产品的价值}}\times 100\%$$

该指标涉及到的 2 个因子取自于企业财务报表。评估实践中，许多企业无出口创汇产品。从客观上讲，任何产品只要质量过硬，价格适中，都可以在国际市场上崭露头角。因此，在评估时，如被评企业无出口创汇产品，该指标给零分。但特殊情况下，可改用其他指标替代。具体计算评分见表 5－3。

四、 工艺技术和装备水平

该指标为定性指标，是反映企业生产基础实力的重要指标。评估时，一般将被评企业的设备装备能力及工艺水平与同行业的平均水平相比较，进行具体分析。此项指标的弹性区间较大，评估时要慎重研究，给予恰当的分值。一般来说在同行业平均水平以上者，给满 4 分；接近者给 3 分；以下者，给 1 分。具体计算评分见表 5－4。

五、 固定资产净值率

该项指标是考核企业劳动手段、更新改造情况指标。公式如下：

$$\text{固定资产净值率}=\frac{\text{固定资产净值}}{\text{固定资产原值}}\times 100\%$$

该项指标中涉及到的 2 个因子均取自于企业财务报表。该项指标值为越大越好，指标值大，表示固定资产新旧结构比例较理想，企业有后劲。评估时，要注意企业专项工程支出及完工数据，以修正固定资产净值和原值。因为信用等级的评估虽是已发生的数据，但意义却在未来的一年中。具体计算评分见表 5－5。

六、 经验评价

该项指标为主观指标，除评估人员对企业的综合印象外，还应考虑被评估企业所生产产品的社会效益，如一些人民生活基本用品，利小本大，甚至吃国家补贴等现象，还应考虑企业执行国家政策、法令的情况等。综合后，给予评出恰当的分值，具体计算评分见表 5－6。

第二节　商业企业发展前景评示

该部分也包括六项具体指标，但由于经营方式不同，故指标的设置同工业企业有较大的区别。其六项评估指标为：年利税递增率，年销售收入递增率，效益资金对比系数，企业发展规划及落实情况，服务质量，经验评估。六项指标中，三项为定量指标，三项为定性指标。下面根据评估的实践，将各项指标予以分别介绍。

一、年利税递增率

该项指标是衡量企业利税环比发展速度的指标，观察企业的发展情况。公式如下：

$$年利税递增率 = \frac{固定资产净值}{固定资产原值} \times 100\%$$

本指标牵涉到的2个因子，计算时要注意换算为年度数据，使之具有可比性，具体计算评分见表5-7。

二、年销售收入递增率

该项指标是衡量企业销售收入环比发展速度的指标，考察商业企业经营规模发展情况。公式如下：

$$年销售收入递增率 = \frac{本年度销售收入}{上年度销售收入} \times 100\%$$

该指标牵涉到的2个因子，计算时要注意换算为年度数据，使之具有可比性。

指标计算原始数据来源于企业财务报表。具体计算评分见表5-8。

三、效益、资金对比系数

该指标是衡量企业利税发展用发展速度和资金占用发展速度的指标。评分见商业条例附表5-3。公式如下：

$$效应、资金对比系数 = \frac{本年度利税总额}{上年度利税总额} \div \frac{本年度全部资金平均占用率}{上年度全部资金平均占用率}$$

该指标牵涉到的4个因子均取自于企业财务报表。当计算结果大于1时，表示利税发展大于资金占用发展速度；小于1时，表示利税发展速度小于前者。该指标越大越好。具体计算评分见表5-9。

四、 企业发展规划及落实情况

该指标为定性指标，主要考核企业在近一、二年内，对经营前景的规划及措施落实情况与同行业相比，属好的给 5 分，一般的给 3 分，较差给 1 分。此项得分最高为 5 分。具体计算评分见表 5 - 10。

五、 商业企业服务质量

该指标为定性指标，主要考核企业工作人员的服务态度，企业是否实行商品包退、包换制度，属好的给 5 分，一般的给 3 分，不良的给 1 分。此项得分最高为 5 分。具体计算评分见表 5 - 11。

六、 商业企业经验评价

此项指标可以由评估人员根据企业的实际情况，包括执行政策、法令的情况，社会效益情况等，参考评估报告的前几项内容，凭借自身的经验，给较为确切的分值。此项指标最高为 5 分，具体计算评分见表 5 - 12。

工业企业主要产品寿命周期分析表

表 5－1　　　　**19　年　月　日**　　　　**单位：**

序号	项目／因素	满分值	评估期			评分值	备注
			较好	一般	不良		
1	导入期	3					用“√”表示。
2	成长前期	4					
3	成长期	7					
4	成熟期	5					
5	分值衰退期	3					

工业企业新产品开发能力计算表

表 5－2　　19　年　月　日　　单位：

序号	项目 / 数据 / 因素	满分值	参照值	前三年	前三年	前二年	前一年	评估期	评分值	备注
1	近一、二年开发的产品产值									换算
2	全部产品的产值									
3										
4	分值	5								

工业企业产品出口创汇能力计算表

表 5-3　　19　年　月　日　　单位：

序号	项目 / 数据 / 因素	满分值	参照值	前三年	前三年	前二年	前一年	评估期	评分值	备注
1	出口产品的产值									
2	全部产品的产值									
3	$\frac{1}{2}\times 100\%$									
	分值	5								

工业企业工艺技术和装备水平分析表

表 5－4　　　　**19　年　月　日**　　　　**单位：**

序号	项目 / 因素	满分值	评估期			评分值	备注
			以上	接近	以下		
1	设备装备能力在同行业平均水平						每个因素平均得分为2（4/2）分，各因素中："以上"地2分，"接近"得1.4分，"以下"得0.6分，用"√"表示。
2	工艺技术水平在同行业平均水平						
3	分值	4					

工业企业固定资产净值率计算表

表 5－5　　　　19　年　月　日　　　　单位：

序号	项目 / 数据 / 因素	满分值	参照值	前三年	前三年	前二年	前一年	评估期	评分值	备注
1	固定资产净值									
2	固定资产原值									
3	$\frac{1}{2} \times 100\%$									
	分值	4								

工业企业经验评价分析表

表 5－6　　　　19　年　月　日　　　　单位：

序号	项目 因素	满分值	评估期			评分值	备注
			较好	一般	不良		
1	执行国家政策、法令情况	3					各因素 1 中较好、一般、不良的得分分别为 3、2、1 分，因素 2 中较好、一般、不良得分分别为 2、1.4、0.6 分，用“√”表示。
2	其他印象	2					
3	分值	5					

商业企业年利税递增率计算表（实现数）

表 5－7　　　　19　年　月　日　　　　单位：

序号	项目 / 数据 / 因素	满分值	参照值	前三年	前三年	前二年	前一年	评估期	评分值	备注
1	本年度利税总额									
2	上年度利税总额									
3	$(\frac{1}{2}-1)\times 100\%$									
	分值	5								

商业企业年销售收入递增率（实现数）计算表

表 5－8　　　　19　年　月　日　　　　单位：

序号	项目 / 数据 / 因素	满分值	参照值	前三年	前三年	前二年	前一年	评估期	评分值	备注
1	本年度销售收入									
2	上年度销售收入									
3	$(\frac{1}{2}-1)\times 100\%$									
	分值	5								

商业企业效益、资金对比系数计算表

表 5－9　　**19　年　月　日**　　**单位：**

序号	项目 / 数据 / 因素	满分值	参照值	前三年	前三年	前二年	前一年	评估期	评分值	备注
1	本年度利税总额									
2	上年度利税总额									
3	本年度全部资金平均占用额									
4	上年度全部资金平均占用额									
5	$(\frac{1}{2}\div\frac{3}{4})\times100\%$									
	分值	5								

商业企业发展规划及落实情况分析表

表 5－10　　　　19　年　月　日　　　　单位：

项目		满分值	评估期	评分值	备注
没有发展规划					
有发展规划	没有落实				
	落实一般				
	落实较好				
	分值	5			

商业企业服务质量评估表

表 5－11　　19　年　月　日　　单位：

序号	项目 因素	满分值	评估期			评分值	备注
			较好	一般	不良		
1	服务态度						用“√”表示，各因素平均得分分别是 2、2、1，酌情评分。
2	是否执行保修包退制度						
3	其他						
4	得分	5					

商业企业经验评价分析表

表 5－12　　19　年　月　日　　单位：

序号	项目 因素	满分值	评估期			评分值	备注
			较好	一般	不良		
1	执行国家政策、法令情况	3					用“√”表示，1、2 因素分别得分满分为 3 分、2 分，其中：因素 1 中，较好、一般、1 分；不良各得分为 3 分、2 分、因素 2 中，较好、一般、不良各得分为 2 分、1.5 分、1 分；特殊情况可综合酌情评分。
2	其他印象	2					
3	分值	5					

商业企业资产负债率计算表

表 5－13　　19　年　月　日　　单位：

序号	项目 / 数据 / 因素	满分值	参照值	前三年	前三年	前二年	前一年	评估期	评分值	备注
1	商品及材料（在途商品）									
2	现金									
3	银行存款									
4	应收及预付款									
5	发出商品									
6	流动资金借款合计									
7	应付及预收款									
8	欠交税利									
9	$\frac{1+2+3+4}{5+6+7}\times 100\%$									
	分值	5								

商业企业短期支付能力平价计算表

表 5－14　　　　19　　年　　月　　日　　　　单位：

序号	项目/数据/因素	满分值	参照值	前三年	前三年	前二年	前一年	评估期	评分值	备注
1	现金									
2	银行存款									
3	应收及预付款									
4	发出商品									
5	流动资金临时借款合计									
6	应付及预收款									
7	欠交税利									
8	$\frac{1+2+3+4}{5+6+7}\times 100\%$									
9	分值	5								

商业企业应付货款逾期率计算表

表 5－15　　　　19　年　月　日　　　　单位：

序号	项目 / 数据 / 因素	满分值	参照值	前三年	前三年	前二年	前一年	评估期	评分值	备注
1	逾期应付货款									
2	逾期应付加工款									
3	原材料采购款									
4	加工费支出									
5	$\frac{1+2}{3+4}\times 100\%$									
6	分值	6								

商业企业贷款归还能力计算表

表 5 − 16　　　　19　年　月　日　　　　单位：

序号	项目 / 数据 / 因素	满分值	参照值	前三年	前三年	前二年	前一年	评估期	评分值	备注
1	逾期罚息支出									
2	展期贷款应计利息额									
3	贷款利息支出总额									
4	$(1-\frac{1+2}{3})\times 100\%$									
5	分值	5								

商业企业货款回收率计算表

表 5－17　　　　19　　年　　月　　日　　　　单位：

序号	项目 / 数据 / 因素	满分值	参照值	前三年	前三年	前二年	前一年	评估期	评分值	备注
1	本年货款回收总额（批发）									
2	年初应收货款余额（批发）									
3	本年销售额									
4	$\frac{1}{2+3}\times 100\%$									
5	分值	3								

商业企业全部资金利税率计算表

表 5－18　　19　年　月　日　　单位：

序号	项目 / 数据 / 因素	满分值	参照值	前三年	前三年	前二年	前一年	评估期	评分值	备注
1	年实现利税额									换算
2	流动基金									
3	固定基金									
4	借入资金									
5	专用基金参加生产周转数									
6	拨入基金									
7	$\frac{1}{2+3+4+5+6}\times 100\%$									
	分值	6								

商业企业销售收入利税率计算表

表 5－19　　　　**19　　年　　月　　日**　　　　**单位：**

序号	项目 / 数据 / 因素	满分值	参照值	前三年	前三年	前二年	前一年	评估期	评分值	备注
1	年实现利税额									换算
2	商品销售收入									
3	$\frac{1}{2}\times 100\%$									
	分值	4								

商业企业全部流动资金周转天数计算表

表 5－20　　　　19　年　月　日　　　　单位：

序号	项目/数据/因素	满分值	参照值	前三年	前三年	前二年	前一年	评估期	评分值	备注
1	全部流动资金平均占用额									
2	商品销售收入									
3	$\frac{1}{2}\times100\%$									
	分值	7								

商业企业人均利税额计算表

表 5－21　　　　19　年　月　日　　　　单位：

序号	项目 / 数据 / 因素	满分值	参照值	前三年	前三年	前二年	前一年	评估期	评分值	备注
1	年实现利税额									
2	企业职工人数（平均）									
3	$\frac{1}{2}$									
	分值	3								

商业企业合同履约率计算表

表 5-22　　　　19　年　月　日　　　　单位：

序号	项目 / 数据 / 因素	满分值	参照值	前三年	前三年	前二年	前一年	评估期	评分值	备注
1	本企业毁约的合同个数									
2	应履约合同总数									
3	$1-\frac{1}{2}\times 100\%$									
	分值	4								

商业企业商品成品资金率计算表

表 5－23　　　　19　年　月　日　　　　单位：

序号	项目 / 数据 / 因素	满分值	参照值	前三年	前三年	前二年	前一年	评估期	评分值	备注
1	库存商品平均占用额									
2	在途商品平均占用额									
3	年销售成本总额									
4	$\frac{1+2}{3}\times 100\%$									
	分值	6								

商业企业资金管理能力分析表

表 5－24 **19 年 月 日** **单位：**

序号	项目 因素	满分值	评估期			评分值	备注
			较好	一般	不良		
1	资金目标管理						每个因素平均得分为 1.5（6）其中：较好、一般、不良各得分为 1.5 分、1 分、0.5 分，用“√”表示。
2	资金分级归口管理						
3	资金自补制度						
4	财务收支计划及经济活动分析制度执行情况						
5	分值	6					

商业企业科学管理水平分析表

表 5 - 25　　　　19　年　月　日　　　　单位：

序号	项目／因素	满分值	评估期			评分值	备注
			较好	一般	不良		
1	质量管理						每个因素平均得分为 1.5（6）其中：较好、一般、不良各得分为 1.5 分、1 分、0.5 分，用“√”表示。
2	技术管理						
3	信息管理						
4	计算机开发和其他						
	分值	6					

商业企业科学管理水平分析表

表 5－26　　**19　年　月　日**　　**单位：**

序号	项目 / 因素	满分值	评估期			评分值	备注
			较好	一般	不良		
1	领导的群体结构						每个因素平均得分为 0.75（3）其中：较好、一般、不良各得分为 0.75 分、0.5 分、0.25 分，用“√”表示。
2	领导的专业结构						
3	厂长负责制执行情况						
4	组织体制和形式与同行业比较						
5	分值	6					

第六章　企业信用状况总评估

总评估是整个信用评估的结论性部分。主要是对前五个章节进行系统概括的总结，做出结论。

（1）对前五个部分进行每部分的概括性总结、各项指标得分情况进行汇总判定企业信用达到哪一级，评估结果见 6－1 ～6－2。

（2）对企业的成绩予以肯定。

（3）对企业存在的某些问题提出看法和建议。

（4）说明被评估企业享受信用等级的社会有效期限。

工业企业信用等级评估评分汇总表

表 6－1 　　　　**19　　年　　月　　日** 　　　　**单位：**

项目	评分值（满分）	参照值	前三年	前二年	前一年	评估值	得分
一、资金信用	25						
1. 资产负债率	6						
2. 短期支付能力评价	5						
3. 应付货款逾期率	6						
4. 贷款归还能力	5						
5. 货款回收率	3						
二、经济效益	20						
1. 全部资金利税率	6						
2. 销售收入利税率	4						
3. 全部流动资金周转天数	7						
4. 人均利税率	3						
三、经营管理能力	25						
1. 合同履约率	4						
2. 商品（成品）资金占用率	6						
3. 资金管理能力	6						
4. 科学管理水平	6						
5. 领导层次的综合能力	3						

续表

项目	评分值（满分）	参照值	前三年	前二年	前一年	评估值	得分
四、企业发展前景	30						
1. 主要产品寿命周期	7						
2. 新产品开发能力	5						
3. 产品出口、创汇能力	5						
4. 工艺技术和装备水平	4						
5. 固定资产净值率	4						
6. 经验评价	5						
总得分	100						

商业企业信用等级评估评分汇总表

表 6－2　　19　年　月　日　　单位：

项目	评分值（满分）	参照值	前三年	前二年	前一年	评估值	得分
一、资金信用	25						
1. 资产负债率	6						
2. 短期支付能力评价	5						
3. 应付货款逾期率	6						
4. 贷款归还能力	5						
5. 货款回收率	3						
二、经济效益	20						
1. 全部资金利税率	6						
2. 销售收入利税率	4						
3. 全部流动资金周转天数	7						
4. 人均利税率	3						
三、经营管理能力	25						
1. 合同履约率	4						
2. 商品（成品）资金占用率	6						
3. 资金管理能力	6						
4. 科学管理水平	6						
5. 领导层次的综合能力	3						

续表

项目	评分值（满分）	参照值	前三年	前二年	前一年	评估值	得分
四、企业发展前景	30						
1. 年利税递增率	5						
2. 年销售收入递增率	5						
3. 效益、资金对比系数	5						
4. 企业发展规划及落实情况	5						
5. 服务质量	5						
6. 经验评价	5						
总得分	100						

第七章 附表及说明

该部分是整个评估报告的补充部分：主要内容是工业企业信用等级评估和商业信用等级评估附表各两份，主要内容有以下四点：（详情参见附表7－1～7－4）。

（1）说明参照值取得的依据。

（2）说明其他有关本企业信用评估的事宜。

（3）各项具体指标的计算、分析、评分。

（4）评分汇总表。

表 7－1 **工业企业信用评估标准**

项目	项目计算公式或说明	评分值（满分）
一、资金信用		25
1. 资产负债率	$\frac{\text{流动资金借款合计} + \text{应付及预收款} + \text{欠交税利}}{\text{定额流动资产合计} + \text{现金} + \text{银行存款} + \text{应收及预付贷款} + \text{发出商品}} \times 100\%$	6
2. 短期支付能力评价	$\frac{\text{现金} + \text{银行存款} + \text{应付及预收款} + \text{发出商品}}{\text{流动资金零时借款合计} + \text{应付及预收款} + \text{欠交税利}} \times 100\%$	5
3. 应付货款逾期率	$\frac{\text{逾期应付贷款} + \text{逾期应付加工费}}{\text{原材料采购款} + \text{加工费支出}} \times 100\%$	6
4. 贷款归还能力	$(1 - \frac{\text{逾期罚息支出} + \text{展期贷款应计利息额}}{\text{贷款利息支出总额}}) \times 100\%$	5
5. 货款回收率	$\frac{\text{本年销售额} - \text{期末应收贷款}}{\text{本年度销售额}} \times 100\%$	3
二、经济效益		20
1. 全部资金利税率	$\frac{\text{年度现利税额}}{\text{流动基金} + \text{固定基金} + \text{借入基金} + \text{拨入资金} + \text{专用基金参加生产周转数}} \times 100\%$	6
2. 销售收入利税率	$\frac{\text{年实现利税总额}}{\text{商品销售收入}}$	4
3. 全部流动资金周转天数	$\frac{\text{全部流动资金平均专用额}}{\text{商品销售收入}} \times 360$ 天	7
4. 人均利税额	$\frac{\text{年实现利税总额}}{\text{企业职工人数（平均数）}}$	3

续表

项目	项目计算公式或说明			评分值（满分）
三、经营管理能力				25
1. 合同履约率	$1-\frac{(\text{本企业毁约的合同格式})}{\text{应履约合同总算}}\times 100\%$			4
2. 商品成品资金占用率	$\frac{\text{库存商品平均占用额}+\text{在途商品平均占用额}}{\text{年销售成本总额}}\times 100\%$			6
3. 资金管理能力	资金目标管理，资金分级归口管理，资金自补制度、财务收支计划及经济活动分析等制度制定和执行情况与同行业比较：属好的，为6分；属一般的，为4分；属较差的，为2分。			6
4. 科学管理水平	管理系统的现代化程度在同行业水平	以上：为6分 接近：为4分 以下：为2分	该项目主要指：质量管理、技术管理、信息管理及计算机开发和应用等方面	6
5. 领导层次的综合能力	指领导的群体结构、专业结构、厂长负责制执行情况、组织体制和形式与同行业比较		强：为3分 一般：为2分 弱：为1分	3
四、企业发展前景				30
1. 主要产品寿命周期	导入期，为3分；成长前期，为4分；成长期，为7分；成熟期，为5分；衰退期，为3分。			7
2. 新产品开发能力	$\frac{\text{近一、两年开发的产品产值}}{\text{全部产品产值}}\times 100\%$			5
3. 产品出口创汇能力	$\frac{\text{出口产品的产值}}{\text{全部产品的产值}}\times 100\%$			5

续表

项目	项目计算公式或说明		评分值（满分）
4. 工艺技术和装备水平	设备装备能力和工艺技术水平在同行业平均水平	以上：为 4 分； 接近：为 3 分； 以下：为 1 分；	4
5. 固定资产净值率	$\frac{\text{出口产品的产值}}{\text{全部产品的产值}}\times 100\%$		4
6. 经验评价	由评审人员根据企业实际情况、评估报告的内容，并凭借自身经验，评定较为确切的分值		5

表 7－2

商业企业信用评估标准

项目	项目计算公式或说明	评分值（满分）
一、资金信用		20
1. 资产负债率	$\frac{\text{流动资金借款合计}+\text{应付及预收款}+\text{欠交税利}}{\text{商品及材料（在途商品）}+\text{现金}+\text{银行存款}+\text{应收及预付贷款}+\text{发出商品}}\times 100\%$	6
2. 短期支付能力评价	$\frac{\text{现金}+\text{银行存款}+\text{应收及预付款}+\text{发出商品}}{\text{流动资金临时借款合计}+\text{应收及预收款}+\text{欠交税利}}\times 100\%$	5
3. 应付货款逾期率	$\frac{\text{逾期应收贷款}+\text{逾期应付加工费}}{\text{原材料采购款}+\text{加工费支出}}\times 100\%$	6
4. 贷款归还能力	$1-\frac{\text{逾期罚息支出}+\text{展期贷款应计利息额}}{\text{贷款利息支出总额}}\times 100\%$	5
5. 货款回收率	$\frac{\text{本年贷款回收总额（批发）}}{\text{年初应收贷款余额 批发}+\text{本年度销售额（批发）}}\times 100\%$	3
二、经济效益		20
1. 全部资金利税率	$\frac{\text{年实现利税额}}{\text{流动基金}+\text{固定基金}+\text{借入基金}+\text{拨入资金}+\text{专用基金参加生产周转数}}\times 100\%$	6
2. 销售收入利税率	$\frac{\text{年实现利税总额}}{\text{商品销售收入}}\times 100\%$	4
3. 全部流动资金周转天数	$\frac{\text{全部流动资金平均占用额}}{\text{商品销售收入}}\times 360$ 天	7
4. 人均利税额	$\frac{\text{年实现利税总额}}{\text{企业职工人数（平均数）}}$	3

续表

项目	项目计算公式或说明	评分值（满分）
三、经营管理能力		25
1. 合同履约率	$1-\frac{\text{本企业毁约的合同个数}}{\text{应履约合同个数}}\times 100\%$	4
2. 商品成品资金占用率	$\frac{\text{库存商品平均占用额}+\text{在途商品平均占用额}}{\text{年销售成本总额}}$	6
3. 资金管理能力	资金目标管理，资金分级归口管理，资金自补制度、财务收支计划及经济活动分析等制度制定和执行情况与同行业比较：属好的，为 6 分；属一般的，为 4 分；属较差的，为 2 分。	6
4. 科学管理水平	管理系统的现代化程度在同行业水平 以上：为 6 分 接近：为 4 分 以下：为 2 分 该项目主要指：质量管理、技术管理、信息管理及计算机开发和应用等方面	6
5. 领导层次的综合能力	指领导的群体结构、专业结构、厂长负责制执行情况、组织体制和形式与同行业比较 强：为 3 分 一般：为 2 分 弱：为 1 分	3
四、企业发展前景		30
1. 年利税递增率	$1-\frac{\text{本年度税利总额实现数}}{\text{上年度税利总额实现数}}\times 100\%$	5
2. 年销售收入递增率	$\frac{\text{本年度销售收入实现数}}{\text{上年度销售收入实现数}}\times 100\%$	5
3. 效益、资金对比系数	效益、资金对比系数 $=\frac{\text{本年度利税总额}}{\text{上年度利税总额}}\div\frac{\text{本年度全部资金平均占用额}}{\text{上年度全部资金平均占用额}}$	5

续表

项目	项目计算公式或说明	评分值（满分）
4. 企业发展规划及落实情况	指企业在近一、二年内，对经营前景的规划及措施落实情况与同行业相比：属好的为 5 分；属一般的为 3 分；属较差的为 1 分。	5
5. 服务质量	指企业人员服务态度优劣，售出商品是否执行包修、包退制度等情况，综合分析，评定分值。	5
6. 经验评价	由评审人员根据企业实际情况、评估报告的内容，并凭借自身经验，评定较为确切的分值	5

第三部分
企业信用等级评估案例

案例一

× × × 酒 厂

信用等级评估报告

× × 市支行

中国工商银行

× × 经济信息咨询公司

一 九 八 × 年 × 月

× × × 酒 厂

信用等级评估报告

行长

× ×

经济师

经理

× ×

经济师

× × 市支行

中国工商银行

× × 经济信息咨询公司

一 九 八 × 年 × 月

企业信用等级评审顾问委员会委员名单

姓名	单　位	职务	职称
×××	××市经委	主任	工程师
×××	××市计委	主任	经济师
×××	××市体改办	主任	工程师
×××	×××市经济研究中心	主任	统计师
×××	××大学	主任	教授
×　×	××大学	副主任	副教授
×××	××市物价局	科长	会计师
×　×	××市工商局	科长	统师
×××	××市财政局	科长	会计师
×××	××市税务局	科长	会计师
×　×	××市审计局	科长	经济师
×××	××市人民银行	科长	经济师

企业信用等级评估责任人员

信用评估总负责：	×××	副行长、经济师
工业企业信用评估负责人：	×××	副科长、经济师
信用评估技术负责人：	×××	副经理、经济师
评估小组组长：	×××	股长、经济师
评估人员：	×　×	信贷员
	×××	调研信息员
	×　×	信贷员

目　录

一、企业概况

××酒厂建于1949年，原址在××市××路141号，1953年迁至××路227号，1954年改为省轻工业厅酿酒试验厂，直属省轻工业厅领导，1969年下放××市，定名“××酒厂”。现在，“省酿酒试验站”“省发酵工业科技情报站”“省菌种站”仍设在该厂，服务于全省酿酒行业。从建厂初期到1987年，累计实现利税6700万元，入库利税为5500万元，可建同样规模的酒厂1520个，该厂曾被评为全国轻工系统先进单位。

该厂厂区面积为4.6万平方米，建筑面积5.4万平方米，全厂固定资产总值为351.5万元，设备总数204台（套）。全厂职工530人（其中正式职工439人），各类专业技术人品47人。全厂设有12个科室，4个车间，1个车队，1个知青厂，另有和××酒厂联营车间一个（设××地方）全厂职工技术等级平均为4.8级，月平均工资为69元。

全厂共设四个车间：酒精车间、白酒车间、大曲酒车间、动力车间。酒精车间年生产能力为6000吨，设备水平处于全国中等偏上水平，其中原料风选风送设备处于全国领先地位，国内许多厂都来此参观学习。有关资料曾被收入高等学校教材。大曲酒车间年生产能力为大曲酒类1000吨（其中5000吨九月份才投产），该车间为机械化、半机械化生产，机械化程度处于全国中上等水平，其中高层楼房制曲在国内是处理较好的，解决了制曲不能上楼的旧观念，为节省厂房用地提供了经验。白酒车间的年生产能力为7000吨普通白酒。近年来，在该车间内进行了系列低度白酒的试验和生产，为白酒低度化、为更好地满足市场的需求做出贡献。动力车间：是前三个车间的辅助车间，有320KVA和180KVA压器各一台，SL－17/13锅炉一台，保证全厂的供气供电。

××酒厂近几年在市场竞争激烈、原材大幅度涨价的情况下，产量不断上升，这是和该厂不断开发新产品、提高产品质量和双增双节措施得力分不开的。近年来共开发各类新产品13个，产品质量获部优一个、省优5

个、省优秀产品 2 个。

今年该厂增产节约指标为 60 万元，1—10 月 1～42 万元，因此，在市场上能做到以优取胜，以廉取胜，使该厂的产品畅销不衰。

二、 资金信用评估

1. 指标评分情况

企业资金信用评估五项指标总得分为 21.16 分，占满分的 85%。其中，短期支付能力评价得 4.33 分，应付货款期率得 3.6 分，货款回收率得 2.23 分，资产负债率和贷款归还能力得各自满分的 100%，分别为 6 分和 5 分。

2. 指标评分说明

资金信用评估是评价企业资信能力和信用行为优劣的重要指标，在评估中对指标评分及参照值选取，除借鉴有关标准外，主要依据是：①评估年及前几年的指标实绩，以观察企业资信能力的大小和信用行为优劣；②根据指标的性质观察其变化趋势，即企业资信能力和信用行为优劣的转化方向；③相关指标的印证说明。

（1）资产负债率。这是反映企业负债能力大小的重要指标。从企业各年情况看，指标值变动的幅度不大，表明企业这一能力相对稳定，1987 年为最优，达到 67%。根据有关标准，经验数据和企业各年指标实绩，评分参照值定为 68%。资产负债率指标得满分为 6 分。

（2）短期支付能力评价。这项指标表明企业短期变现能力的强弱。指标的各年情况是，1985 年最高 83.17%，1984 年、1987 年两年居中，1986 年最低。经因素分析，1985 年等指标高的原因是发出商品较大，而这一年正是企业产品销售困难期，发出商品内实际有相当部分变现困难（如某地 100 万货款长期拖欠），货款回收率指标印证了这一事实，1985 年货款回收率 88%，是各年中较低的一年。评分参照值定为 55%，指标得分 4.33 分，满分为 5 分。

（3）应付货款逾期率。这是反映企业信用状况优劣的一个重要指标，从计算的结果看，企业应付货款逾期率自1985年后逐步下降，到1987年降为1.75%，趋势表明企业的信誉进一步增强。评分参照值依据指标性质等因素定为1.5%，评估得分3.6分，满分为6分。

（4）贷款归还能力。企业贷款归还情况，除1985年产品销售困难时期有一部分展期外，其他各年贷款归还良好，无逾期或展期现象，表明企业归还贷款能力较强。指标评分参照值定为100%，即全部贷款中没有逾期或展期。指评估得满分5分。

（5）货款回收率。企业生产、经营自1984年下半年变单一生产型为生产经营型后，产品实行自销，转轨初期销售网络一时难以形成，1985年货款回收情况不好，仅88%，为各年较低点。1986年后，企业积极采取措施，加之行情的变化，货款回收率开始上升，1987年达到91%，为历史较高点。评分参照值定为96%，主要是考虑企业尚有一定数额的历史欠收货款，所以参照值定得比1987年实际要略高。指标平复得分2.23分，满分3分。

三、经济效益评估

本部分包括四项经济效益指标，评分总值为20分，经评价总得分为17.05分，占评分总值的85%。具体为：全部资金利税率指标得分5.5分，占该项评分值的92%；销售收入利税率指标得分2.4分，占该项评分值的60%；全部流动资金周转天数指标得分6.5分，占该项评分值的93%；人均利税指标得分2.65分，占该项评分值的88%。可见，从与参照值的对照来看，经济效益是良好的。

评估年经济效益四项指标的得分均是与参照值比较而判定的，本部分参照值选用1986年指标，主要为：①被评估企业尚无国内外同行业平均水平的资料；②虽然被评估企业在评估前三年中以1984年指标为优。但考虑到1984、1985年被评估企业处于生产型向生产经营企业的过渡时期，处于包产包销体制向自产自销体制转变的时期，加之自1984年以来主要原材料价格升幅较大，因此，这两年与评估年在供销渠道、市场、产品成本、资金占用等方面均存在不可比因素，所以选用在上述方面与评估年相当接近的1986年指标为参照值。

以下对评估四项经济效益指标进行具体评分说明。

（1）全部资金利税率。评估年为28.46%，优于参照值7.27%，应得6分，但考虑到：该指标升高主要是因评估年固定基金和参加周转的专用基金较参照年降幅较大，而借入、其他资金利税率下降，评估年为55.66%，低于参照年63.33%，即增资多，增益少。而评估年全部流动资金利税率为39.27%，参照年为39.93%，百元全部流动资金少创利税0.66元，分析可知，由于评估年销售收入利税率低于参照年，使百元全部流动资金少创利税8.09元，而由于评估年全部流动资金周转快于参照年，使百元全部流动资金多创利7.43元，两者相抵为-0.66元。可见为销售收入利税率这一重要效益指标降幅过大所致，也考虑到该指标受主要原材料涨价影响，因此只予以扣除0.5分，实得5.5分。

（2）销售收入利税率。评估年为14.57%，低于参照年18.28%，降幅20%，由此评估年少创利税58.5万元，并且由前项指标说明可知，还影响了全部资金利税率的提高，同时考虑到由原料涨价而引起的销售成本增加，因此予以扣除1.6分，实得2.4分。

（3）全部流动资金周转天数。评估年为133.81天，优于参照值164.79天，加速30.98天，其中非定额流动资金周转31.86天，可见企业在强化销售，积极清理债务方面做了大量工作，成绩是显著的，定额流动资金周转缓慢0.88天。幅度虽小，但应引起重视，一是定额流动资金占全部流动资金比重较大，评估年占62%，对资金占用水平影响大；二是评估年末将有大批主要原料季节性购进，使其增加，须相应采取措施。由上述，该项指标予以扣除0.5分，实得6.5分。

（4）人均利税额。评估年为人均5134元，略低与参照值5160元，且评估年平均人数比参照年增加 60 人，全部为新建大曲酒车间工人，上岗不久尚未产生效益，因此该指标给予扣除 0.35 分，实得 2.65 分。

四、 经营管理能力评估

经营管理能力项目总评分值 25 分，经评估得分 21.8 分，占总分的 87.2%。其中，合同履约率得 3.8 分，占满分的 95%；商品（成品）资金占用率得 5.4 分，占满分的 90%；资金管理能力得 5.1 分，占满分的 85%；科学管理水平得 4.8 分，占满分的 80%；领导层次的综合能力得 2.7 分，占满分的 90%。

合同履约率评估期为 100%，超过 1986 年历史最好水平 99.4% 的 0.6 个百分点，同时超过参照值 98.4% 的 1.6 个百分点。但是考虑到该厂在商品交易尚有少数购销合同的履行不尽完善，为此按满分 95%，评定为 3.8 分。

商品（成品）资金占用率，评估期为 19.57%，参照值取 1984 年最好水平 23.09%，评估期 19.57%，较参照值和前两年均有大幅度下降，说明评估期适销对路的短线产品增加，成品资金在途商品资金占用相对减少，加速资金周转。但是该厂成品资金、发出商品还有一定潜力可挖，为此按满分的 90%，评定为 5.4 分。

资金管理能力项目，主要包括资金目标管理、资金分级归口管理、资金自补制度、财务收支计划及经济活动分析。

（1）资金目标管理。该厂每年根据上级主管及银行下达的销售资金率计划，编制核定全部流动资会周转计划，并相应编制储备、生产、成品、清算资金、货币资金和两费控制计划。其次根据生产规模和新技术开发的要求，确产固定资产规模，在充分发挥现有生产设备能力的前提下，合理确定资产投资量，编制固定基金计划和专用基金计划。在确定和编制流动资金计划、固定基金计划、专用基金计划的基础上，编制全年财务成本计划，按目标管理要求，有意识地控制总成本和总费用。在年度各种目标计划的指导下，编制季度、月度财务收支计划，把一切开支控制在目标范围内。

（2）资金分级归口管理。该厂现采取厂部和车间二级核算，流动资金和专用资金实行分口管理，专款专用，储备、生产、成品专用资金等按性质分级归口到有关科室负责，并由厂内部银行负责监督执行。

（3）资金自补制度。该厂自 1983 年开始建立了流动资金自补制度，每年根据银行下达的补资规定补足资金。

（4）财务收支计划及经济活动分析。该厂建立财务收支计划，按月编报制度，并建立每季由厂部召开一次经济活动分析会制度，由厂长、财务、生产科、车间等负责人参加，重点分析成本、原材料燃料消耗、出酒率、劳动生产率、设备利用率等因素升降原因，以便找出主客观原因，找出差距，制定改进措施。

该厂资金管理能力四项指标和各项管理制度都已建立，在省内处于先进水平，但与全国酿酒行业一流水平相比仍有一定差距，为此按满分 85%，评定 5.1 分。

科学管理水平，主要包括质量管理、技术管理、信息管理及计算机开发和应用。

（1）质量管理。该厂是一个建厂三十多年的老厂，对产品质量十分重视，尤其是近几年来，积极开展了全面质量管理，成立了以厂长为首的全面质量领导小组和全面质量管理办公室，广泛开展质量管理教育，健全了质量管理制度。严格执行产品质量标准（国际、部标、省标、企业的内控标准），内控标准均优于国际、部标、省标。出厂产品都严格控制在内控标准内，并严格出厂产品检验制度（监督岗 14 个、检测项目 168 项），实行质量否决权，严格计量管理制度（已通过三级计量验收和两项计量标准验收），广泛开展 QC 小组活动，并取得成果。近年来，该厂夺得部优产品一个、省优 5 个、省优秀产品和省优秀新产品各一个，在省内同行业中是夺得部、省优产品较多的厂家之一。

（2）技术管理分两大体系，一是工艺技术管理，二是设备管理。

工艺技术管理。该厂现有一整套比较完善的工艺技术管理制度和操作规程，每个车间都健全了工艺操作规范、工艺指标和工艺纪律。车间内部配有专职的工艺员，负责检查工艺指标的执行。该厂现有酒精、大曲酒、白酒、蜜桔、亡五加皮、××酒等工艺技术标准和工艺操作规程，做到了所有的产品都有质量标准、工艺标准和工艺规程。

设备管理。该厂自八十年代初开始对设备进行了系统管理，首先健全了设备管理机构，建立了设备管理档案，明确职责。健全了各种管理制度，如《设备验收，投产到设备报废日常管理制度》《设备使用和维护保养制度》等九种管理制度，并对设备管理实行专、群结合，群管群修，先维修后生产等五种管理办法。在1984年、1985年连续两年被评为省轻工系统设备管理先进单位。1984—1987年连续四年被市食品工业公司评为设备管理先进单位。

（3）信息管理。该厂分为三个系统进行管理。

①销售市场信息由销售科长负责，销售员兼信息员。

②原材料市场信息由供应科长负责，采购员兼信息员。

③技术和新产品开发信息由生产技术科负责，省发酵工业科技情报站设在该厂（技科专门设人工作）定期发行“××酿酒”技术刊物，为省内外同行业服务。

三个信息系统均汇总到厂部，定期召开信息分析会，针对情况，做出决策。该厂近年来各系列新产品开发就是在大量信息的基础上进行决策的。近两年开发新产品产值已占总47%以上。

综上所述，科学管理水平中质量管理、技术管理、信息管理各项制度比较健全，管理水平达到国内同行业先进水平。但是该厂目前计算机还有待于开发和应用，为此按满分的80%，评定为4.8分。

领导层次的综合能力。该厂目前厂级领导7人，平均年龄为45.2岁（其中一名副厂长受聘为联营厂××酒厂厂长）其中大学文化1人，中专

3 人，有中级专业技术职称的 3 人。

1985 年 8 月开始实行厂长负责制，党、政、工三者关系比较协调，并按厂长负责制三个条例有关规定处理场内的各项工作，从而保证了厂长的中心地位，发挥了厂长的中心作用，做到了行政指挥，政令畅通，并实行分级放权，充分发挥了副厂级及中层领导的作用，各司其职，各负其责。同时充分发挥职工民主管理作用，每年定期召开职代会两次，重大问题交职代会讨论决定，并定期民主评议各级干部，经评议该厂领导层次的综合能力较强，按满分的 90%，评定为 2.7 分。

五、 企业发展前景

该项目评分总值 30 分，经评估得分 25.8 分，该项评分值的 86%。其中，主要产得 6.3 分，占满分的 90%；新产品开发能力得 5 分，占满分的 100%；产品出口、创汇能力得 3 分，占满分 60%；工艺技术和装备水平得 3.4 分，占满分的 85%；固定资产净值率得 3.6 分，占满分的 90%；经验评价得 4.5 分，占满分的 90%。

主要产品生命周期得 6.3 分，占满分的 90%。评分依据：①该厂主要产品的产值、产量、销售从 84 年以来逐年递增，处于成长期；②产品获得各种优质称号 6 个，其中部优 1 个，省优 5 个。另外，省优秀产品 1 个，省优秀新产品 1 个；③1987 年的利税总额较 1986 年有一定幅度增加，较 1984 年、1985 年从绝对数来看是下降的，但从相对数看是上升的，其原因是 1986 年以来原材料大幅度涨价所致。1987 年，因原材料涨价扣除产品涨价因素，较 1985 年影响利税高达 260 万元。

新产品开发能力得 5 分，占评分值的 100%。评分依据：自 1984 年以来，开发新产品 13 个，占全部产品的 61.9%，新产品产值占全部产品的产值由 1984 年的 11% 递增到 1987 年的 47%。我们以企业历史最好水平的 1986 年为参照值，1986 年是 36%，1987 年比 1986 年增长 30.56%。

产品出口创汇能力得分 3 分，占满分的 60%。该厂近年来在狠抓产品质量、提高产量、争创名牌的同时积极争取产品出口，已初步和市外贸谈妥小批量出口特酿酒，首次挤入国际市场，为今后扩大产品出口，争创外汇奠定基础。

工艺技术和装备水平得3.4分，占满分的85%。评分依据：①工艺技术方面，该厂原为省轻工业厅的酿酒试验厂，省酿酒试验站仍设在该厂，经常接受部及省的试验项目，白酒“清蒸配精”、白酒“机械化”，都是该厂试验后推广的，现在普遍使用的“液体发酵固液勾对”的白酒新工艺，也由该厂发明推广到省内外普遍应用的。另外，省培菌站也设在该厂，供应省内外近百家酒厂的菌种。②主要生产设备。酒精设备总装备水平高于全国同行业平均水平，其中，酒精薯干原料风选风送设备处于全国领先地位，很多酒精厂都来此参观学习，有关资料曾被选入高等学校教材。

固定资产净值率得3.6分，占满分的90%。评分依据：该项参照值选历史最好水平的1985年，净值率是68.85%，预计1987年固定资产净值率76.76%，比1985年增长11.49%，增加的主要原因是该厂投资175万元的500吨大曲酒扩建工程，1987年10月完工投产，年底固定资产150万元。通过这次扩建，该厂的优质大区酒年产量由原来的500吨增加到1000吨，有利于缓和市场优质大曲酒的供应紧张状况，增强企业的后劲。

经验评估得4.5分，占满分的90%。评分依据：××酒厂是××省饮料酒在6000吨以上的大厂之一。现有大曲酒、普通白酒、酒精、汽酒、二氧化碳等五大类产品。其主要产品饮料酒的产值、产量、销售逐年递增；1987年比1984年分别增长13.7%、38.5%、119.5%。近几年，该厂积极开展全面质量管理工作，健全了产品质量保证体系和工艺操作规程，到目前为止，共获得优质产品证书六个，其中×××酒获国家银质奖、轻工业部铜杯奖、××特酿、××佳酿、××大曲、××特液，蜜桔酒均获省优秀产品称号。另外，××酒获省优秀新产品奖，大曲酒获省优秀产品奖。主要做法是：①调整产品结构和改变不合理的配方，做好新产品的开发工作，增产适销对路的产品，压缩和淘汰老产品的生产，使供、产、销协调发展；②改进生产工艺，增加产量，提高设备利用率，降低原料、燃料、动力的消耗；③运用经济手段加强财务管理，年初就把成本及各项费用按计划分摊到各车间、科室，实行节约者奖，浪费者罚，与奖金挂钩；④加强技术改造，扩建大曲酒车间，将优质大曲酒的年产量由500吨扩产到1000吨，增强了企业后劲。1987年，预计实现利税230万元，比1986年增加30万元。据此，按满分的90%，评定为4.5分。

六、 信用状况总评估

该厂是一个具有三十多年厂龄的小型企业，原为“省轻工业厅酿酒试验厂”，是××省酿酒行业的试验基地，现“省酿酒试验站”“省发酵工业科技情报站”“省菌种站”均设立在该厂，服务于全省酿酒行业。三十多年来，该厂在经营管理上积累了一整套管理经验并取得了较好的经济效益，为国家做出了较大贡献。近两年来，该厂为适应经济体制改革和经营管理变化即由单一生产型转变为经营开拓型。产品由原来商业包销改为自销，市场竞争日趋激烈，该厂为在市场竞争中立于不败之地，加速新产品开发和争创名优产品。近年来共开发新产品13个，获部优一个、省优秀产品二个。

该厂现有厂级领导7人，平均年龄45.2岁，其中，中专以上学历4人，有专业技术职称3人，是一个年富力强、团结一致的领导班子。近年来，实行了厂长负责制，协调了党、政、工三者关系，从而保证了厂长的中心地位和中心作用的发挥，做到行政指挥政令畅通、并实行分级放权，充分发挥副厂级及中层干部的作用，同时还充分发挥职工民主管理的作用，内部实行各种形式的经济承包制，协调全厂职工的积极性，因而近年来出现经济稳步增长的局面。

在经营管理方面，近年来积极开展了全面质量管理，健全完善工艺技术管理、设备管理和信息管理。在资金管理上制定各项资金定额，加强了厂部和车间二级核算，同时还健全了资金自补制度和经济活动分析会制度。合同履约率、商品成品资金占用率两项经营管理能力考核指标均达到历史最高水平，该厂经营管理水平在省内同行业处于先进水平，在全国内同行业中达到中上等水平。

在经济效益方面，考核了全部资金利税率、销售收入利税率、全部资金周转天数，人均剩税额四项主要指标，1987 年均有一定幅度的上升和加速，因而从相对数上看，该厂经济效益是良好的。

资金信用五项考核指标评估年均达历史较好水平，资产负债率近年来相对稳定，评估年有所提提高，说明企业偿还能力有所增强，短期支付能力优于合理参照值水平。短期变现能力较强，应付货款逾期率近年来逐年下降，企业信誉进一步增强，1985 年以后基本上未发生贷款逾期不还现象，还贷能力较强，贷款回收率评估年达到由单一生产型转向生产经营型后最好水平。近年来，该厂狠抓货款清收工作，取得较好经验，省挖潜办公室、金融快报、经济日报××版先后推广了该厂清理贷款的先进经验。

企业发展前景。该厂近年来加强技术改造工作，扩建 500 吨大曲酒车间，增强企业后劲。固定资产净值率达到历史最好水平，同时加强了信息工作并积极开发了新产品和争创名优产品工作，在此基础上争取部分产品出口，并为今后扩大产品出口、争创外汇打下基础。

该厂近年来短线产品逐年增加，80%以上产品处于成长期阶段。该厂工艺技术和设备装备水平达到国内中上水平，部分设备在国内处于领先地位。

综上所述，经评估该厂的领导班子，经营管理水平、经济效益、资金信用、企业发展前景总分达 85.81 分，达到省内酿酒行业先进水平，在全国行业中处于中上等水平，为此评定为信用一级企业。有效期为一年。

附表 1

资产负债率计算得分表

单位：千元

项目 \ 数值 \ 年份及评分	评分值（满分值）	参照值	1984 年（前三年）	1985 年（前二年）	1986 年（前一年）	1987 年（评估期）	得分
1. 定额流动资产合计			1486	2023	4826	3567	
2. 现金			0. 1	7	0. 1	0. 4	
3. 银行存款			50. 4	461	296. 7	118. 2	
4. 应收及预付款			18	2000	134	0	
5. 发出商品			953	1962	1493	1908	
6. 资产合计	×		2507. 5	4653	6750	5593. 6	×
7. 流动资金借款合计	×		1500	2000	3800	2370	
8. 应付及预收款			241	955	1015	747	
9. 欠交税利			37	207	-4	610	
10. 负债合计	×		1778	3162	4811	3727	×
11. 10 × 100%	6 分	68%	71%	68%	71%	67%	6 分

附表 2

短期支付能力评价计算得分表

单位：千元

项目 / 数值 / 年份及评分	评分值（满分值）	参照值	1984 年（前三年）	1985 年（前二年）	1986 年（前一年）	1987 年（评估期）	得分
1. 现金	×		0. 1	7	0. 1	0. 4	
2. 银行存款			50. 4	461	296. 7	118. 2	
3. 应收及预付款			18	200	134	0	
4. 发出商品	×		953	1962	1493	1908	
5. 流动资金临时借款			1500	2000	3800	2370	
6. 应付及预收款			241	955	1015	747	
7. 欠交税利			37	2Q7	-4	610	
8. 短期支付能力评价 $\frac{1+2+3+(4)}{5+(6)}\times 100\%$	5	55%	57. 45%	83. 17%	39. 99%	54. 38%	4. 33

附表 3

应付货款逾期率计算得分表

单位：千元

项目 \ 数值 \ 年份及评分	评分值（满分值）	参照值	1984 年（前三年）	1985 年（前二年）	1986 年（前一年）	1987 年（评估期）	得分
1. 逾期应付货款			228	354	205	133	
2. 逾期应付加工费			4362				
3. 原材料采购款				4012	5475	7616	
4. 加工费支出							
5. 应付货款逾期率 $\frac{1+(2)}{3+(4)}\times 100\%$	6 分	1.5%	5.23%	8.82%	3.74%	1.75%	3.6 分

附表 4

贷款归还能力计算得分表

单位：千元

项目 \ 数值 \ 年份及评分	评分值（满分值）	参照值	1984 年（前三年）	1985 年（前二年）	1986 年（前一年）	1987 年（评估期）	得分
1. 逾期罚息支出	×	0	0	0	0	0	
2. 展期贷款应计利息额	×	0	0	6	0	0	
3. 贷款利息支出总额	×		71	93	188	223.2	
4. 贷款归还能力 $\frac{1+(2)}{(3)}\times 100\%$	5 分	100%	100%	93.55%	100%	100%	5 分

附表 5

货款回收率计算得分表

单位：千元

项目 \ 数值 \ 年份及评分	评分值（满分值）	参照值	1984 年（前三年）	1985 年（前二年）	1986 年（前一年）	1987 年（评估期）	得分
1. 本年销售额	×		8144	8258	10484	15993	
2. 期末应收收货款余额	×		0	953	1962	1493	
3. 货款款回收率 $\frac{1-(2)}{(1)}\times 100\%$	×	96%	100%	88%		91%	
分值	3						2. 23

附表 6　　**全部资金利税率计算得分表**　　单位：千元

项目 ＼ 数值 ＼ 年份及评分	评分值（满分值）	参照值	1984 年（前三年）	1985 年（前二年）	1986 年（前一年）	1987 年（评估期）	得分
1. 年实现利税额			2879	2570	2002	2300	
2. 流动基金			414	416	417	437	—
3. 固定基金			1664	2241	2326	2214	
4. 借入资金			892	1351	2311	2789	
5. 其他资金			263	637	850	1343	
6. 专用基金参加生产周转数			283	826	1436	1296	
7. 全部资金利税率 $\frac{1}{2+3+4+5+6+(7)}\times 100\%$	6	27.27%	81.88%	46.97%	27.27%	28.46%	5.5

附表 7　　**销售收率利税率计算得分表**　　单位：千元

项目　数值　年份及评分	评分值（满分值）	参照值	1984 年（前三年）	1985 年（前二年）	1986 年（前一年）	1987 年（评估期）	得分
1. 年实现利税总额			2879	2570	2002	2300	
2. 商品销售收入			7191	7249	10953	15782	
3. 销售收入利税率 $\frac{1}{(2)}\times 100\%$	4	18. 28%	40. 3%	35. 45%	18. 28%	14. 57%	2. 4

附表 8　　**全部流动资金周转天数计算表**　　单位：千元

项目 \ 数值 \ 年份及评分	评分值（满分值）	参照值	1984 年（前三年）	1985 年（前二年）	1986 年（前一年）	1987 年（评估期）	得分
1. 全部流动资金平均占用			1852	3230	5014	5866	
2. 商品销售收入			7191	7249	10953	15782	
3. 全部流动资金周转天数 $\frac{1}{2}\times 360$ 天	7	164.79	92.72	160.41	164.79	133.81	6.5

附表 9

人均利税额计算得分表

单位：千元

项目 数值 年份及评分	评分值（满分值）	参照值	1984 年（前三年）	1985 年（前二年）	1986 年（前一年）	1987 年（评估期）	得分
1. 年实现利税总额			2879	2570	2002	2300	
2. 企业职工人数（平均数）			374	368	388	448	
3. 人均利税额 $\frac{1}{2}$千元/人	3	5. 160	7. 698	6. 984	5. 160	5. 134	2. 65

附表 10

合同履约率计算表

单位：千元

项目 \ 数值 \ 年份及评分	评分值（满分值）	参照值	1984 年（前三年）	1985 年（前二年）	1986 年（前一年）	1987 年（评估期）	得分
1. 本企业毁约合同数			4	2	1	—	
2. 应履约合同数			265	224	189	90	
3. 合同履约率 $=\left(1-\frac{1}{2}\right)\times 100\%$	4	98.4%	98.4%	99.2%	99.4%	100%	3.8

附表 11

商品成品资金占用率计算表

单位：千元

项目 / 数值 / 年份及评分	评分值（满分值）	参照值	1984 年（前三年）	1985 年（前二年）	1986 年（前一年）	1987 年（评估期）	得分
1. 库存商品平均占用数			554	805	551	689	
2. 在途商品平均占用数			384	1300	2062	1850	
3. 年销售成本总额			4062	4434	8552	12970	
4. 商品成品资金占用率 $(\frac{1+2}{3})\times 100\%$	6	23.09%	23.09%	47.47%	30.55%	19.57%	5.4

附表 12

资金管理能力分析表

19　　年　　月　　日

序号	项目 因素	满分值	评估期			评分值	备注
			好	一般	不良		
1	资金目标管理			√			每因素平均得分 1.5（）其中：好、一般、不良得分分别为 1.5、1、0.5，用“√”表示。
2	资金分级归日管理		√				
3	资金自补制度		√				
4	财务收支计划及经济活动分析制度执行情况			√			
5	分值	6				5.1	

附表 13

科学管理水平分析表

19　　年　　月　　日

序号	项目 因素	满分值	评估期			评分值	备注
			好	一般	不良		
1	质量管理		√				每因素平均得分 1.5 分，其中：好、一般、不良得分分别为 1.5、1、0.5，用“√”表示。
2	技术管理		√				
3	信息管理			√			
4	计算机开发和其他			√			
5	分值	6				4.8	

附表 14

领导层次的综合能力分析表

19　　年　　月　　日

序号	项目 因素	满分值	评估期			评分值	备注
			好	一般	不良		
1	领导的群体结构		√				每因素平均得分 0.75（）其中：好、一般、不良得分分别为 0.75、0.5、0.25，用“√”表示。
2	领导的专业结构			√			
3	厂长负责制执行情况		√				
4	组织体制和形势与同行业比较			√			
5	分值	3				2.7	

附表 15

主要产品寿命周期分析表

序号	项目 因素	满分值	评估期			评分值	备注
			好	一般	不良		
1	导入期	3					用“√”表示。
2	成长前期	4					
3	成长期	7		√			
4	成熟期	5		√			
5	衰退期	3					
6	分值					6. 3	

附表 16　　新产品开发能力　　单位：千元

项目 \ 数值 \ 年份及评分	评分值（满分值）	参照值	1984 年（前三年）	1985 年（前二年）	1986 年（前一年）	1987 年（评估期）	得分
1. 近一、二年开发的产品产值			929	1403	3165	4512	
2. 全部产品的产值	5	36%	8445	8296	8706	9600	
3. 新产品开发能力 $=\frac{1}{2}\times 100\%$			11%	17%	36%	47%	5

附表 17 产品出口创汇能力 单位：千元

项目 \ 数值 \ 年份及评分	评分值（满分值）	参照值	1984 年（前三年）	1985 年（前二年）	1986 年（前一年）	1987 年（评估期）	得分
1. 出口产品的产伍						10	
2. 全部产品的产值						9600	
3. 产品出口创汇能力 $=\frac{1}{2}\times 100\%$	5					0. 1	3

附表 18

工艺技术和装备水平分析表

序号	项目 因素	满分值	评估期			评分值	备注
			以上	接近	以下		
1	设备装备能力与同行业平均水平相比		√				每因素平均得分 2（4）各因素中："以上"得两分；"接近"得 1.4 分；"以下"得 0.6 分，用"√"表示。
2	工艺技术与同行业平均水平相比			√			
3	分值	4				3.4	

附表 19　　固定资产净值率　　单位：千元

项目 \ 数值 \ 年份及评分	评分值（满分值）	参照值	1984 年（前三年）	1985 年（前二年）	1986 年（前一年）	1987 年（评估期）	得分
1. 固定资产净值			2389	2420	2286	3629	
2. 固定资产原值			3474	3515	3574	4728	
3. 固定资产净值率 $=\frac{1}{2}\times 100\%$	4	68.85%	68.77%	68.85%	63.96%	76.76	3.6

附表 20

经验评价分析表

序号	项目 因素	满分值	评估期			评分值	备注
			好	一般	不良		
1	执行国家法令、政策情况		√				因素 1 中，好、一般、不良得分分别为 3、2、1 因素 2 中，好、一般、不良得分分别为 2、1.4、0.6 用“√”表示。
2	其他映像			√			
3	分值	5				4.5	

附表 21

工业企业信用等级评估评分汇总表

单位：千元

项目	评分值（满分值）	参照值	1984 年（前三年）	1985 年（前二年）	1986 年（前一年）	1987 年（评估期）	得分
一、资金信用	25						21.11
1. 资产负债率（%）	6	68	71	68	71	67	6
2. 短期支付能力（%）	5	55	57.45	83.17	39.99	54.38	4.33
3. 应付货款逾期率（%）	6	1.5	5.23	8.82	3.74	1.75	3.6
4. 贷款归还能力（%）	5	100	100	93.55	100	100	5
5. 货款款回收率（%）	3	96	100	88	81	91	2.33
二、经济效益	20						17.05
1. 全部资金利税率（%）	6	27.27	81.88	46.97	27.27	28.46	5.5
2. 销售收入利税率（%）	4	18.28	40.03	35.45	18.28	14.57	2.4
3. 全部流动资金周转天数	7	164.79	92.72	160.41	164.79	133.81	6.5
4. 人均利税额（千元）	3	5.160	7.698	6.984	5.160	5.134	2.65
三、经营管理能力	25						21.8
1. 合同履约率（%）		98.4	98.4	99.2	99.4	100	3.8
2. 商品（成品）资金占用率（%）	6	23.09	23.09	47.47	30.55	19.57	5.4
3. 资金管理能力	6						5.1
4. 科学管理水平	6						4.8
5. 领导层次的综合能力	3						2.8

续表

项目	评分值（满分值）	参照值	1984 年（前三年）	1985 年（前二年）	1986 年（前一年）	1987 年（评估期）	得分
四、企业发展前景	30						25. 8
1. 主要产品寿命周期	7						6. 3
2. 新产品开发能力	5						5
3. 产品出口、创汇能力（%）	5	36	11	17	36	47	3
4. 工艺技术和装备水平（%）	4					0. 1	3. 4
5. 固定资产净值率	4						3. 6
6. 经验评价（%）	5	68. 85	68. 77	68. 85	63. 96	76. 76	4. 5
总得分	100						85. 81

案例二

× × 市人民商场

信用等级评估报告

× × 市支行

中国工商银行

× × 经济信息咨询公司

一九八 × 年 × 月

信用等级评估评审顾问委员会委员名单

姓名	单位	职务	职称
×××	××市经委	主任	工程师
×××	××市经委	主任	经济师
×××	××市体改办	主任	工程师
×××	×××市经济研究中心	主任	统计师
×××	××大学	主任	教授
×　×	××大学	副主任	副教授
×××	××市物价局	局长	会计师
×　×	××市工商局	副局长	统计师
×××	××市财政局	科长	会计师
×××	××市税务局	科长	会计师
×　×	××市审计局	科长	经济师
×××	××市人民银行	科长	经济师

企业信用等级评估责任人员

信用评估总负责：	×××	副行长、经济师
商业企业信用评估负责人：	×××	科长、经济师
信用评估技术负责人：	×　×	副经理、经济师
评估小组组长：	×××	股长、经济师
评估人员：	×　×	信贷员
	×　×	调研信息员

×××市人民商场

信用等级评估报告

行长

××

经济师

经理

××

经济师

××市支行

中国工商银行

××经济信息咨询公司

一九八×年×月

目　录

一、 企业概况

××市人民商场是××省最大的大型综合性零售企业，也是全国 29 家大中型百货商场之一，创建于 1959 年 8 月，地处××市××路商业繁华区。目前，拥有 7200 平方米营业场地，1 ~ 4 楼为零售营业厅，5 楼为博览大厅，全楼为 13 个商场，98 个柜组，附设三个维修部，并有 4000 平方米的仓库，以及一个自运车队。固定资产总值达 375 万元，职工 880 人，主营大、小百货、文化用品、家电、五交、电讯、钟表、针织、纺织、丝绸、服装、烟酒、乐器、家具，并设有侨汇专柜，经营品种 2 万个，年销售已突破 8000 万元，人均创利税达万元，建场 28 年来，共创利税 5757 万元，相当于 50 个商场的总投资。尤其是十一届三中全会以来，随着经济体制改革的不断发展，企业的各项经济指标大幅度提高。

“六·五”期间，商品纯销售额、利润、资金利润率分别以 19%、25%、15.5% 的比例递增。六年来，创利税 3195 万元，相当于开业 22 年来利税额的 1.2 倍。

1985 年达到建场以来最好水平，资金周转由“六·五”以前全国 29 家大中型零售商业倒数末几名，进入前 5 名。商品纯销售额达 7339 万元，首次进入人均创利税万元的行列。1987 年更上一层楼，预计商品销售总额超过 8200 万元，较 1985 年增长 11% 以上，1— 9 月全部流动资金周转居全国 29 家大中型零售企业之首，中央电视台、××电视台分别予以报道以。1983—1986 年连续获省最佳经济效益夺魁奖，连年被评为精神文明单位。1984—1987 年 9 月，共收表扬意见 7 万多条。表扬信 5000 多封，在广大消费者中享有较高信誉。

该企业有一个较精明强干的领导班子，在总经理的领导下，配备党委书记 1 人，副总经理 5 人，总会计师 1 人。总经理室下设 11 个职能科室，6 个党支部，领导层中、大中专文化程度占 40%，又都是长期从事商业工作、经验较丰富的同志，具有较强的经营能力，富有开拓精神，在竞争中，善于经营决策，利用商场大、知名度高的优势，冲破商业封闭式，分配武的流通体制，发展横向联系，开辟商品货源渠道，采取多种手段扩大商品销售，强化服务。为搞活流通、活跃市场大显身手。在内部管理上，推行总经理负责制下的“三级管理，二级核算”经营责任制，“六统一”于商场，“七定”到柜组，组成一套核算体系，用行政、经济两个手段管理企业经营发展业经营，并引进现代化的微机管理系统，增强了管理韵化、规范化、信息网络化，为领导决策提供了可靠的依增强了企业竞争力。

企业目前仍在不断进行改造，为适应经济发展，集中主要财力，进行设备、设施改造，人才的培养，管理的现代化建设。不断自我完善发展，增强企业后劲，向更高层次迈进。

二、关于“参照值”选择的几点说明

在“参照值”选择上，以1985年水平为依据，但对于个别指标，根据具体情况，作了一些修正，使其更符合客观实际。

1987年评估年度指标，是依据1—9月实绩，除9乘12后，再根据实际情况予以修正后确定的。因为对于商业企业来说，四季度是旺季，购销额一般高于平均数，因而在修正评估值时，重点考虑了这一因素。

三、资金信用评估

（一）资产负债率

1. 参照值的修正

通过对近三年来企业资产负债率指标的测算结果表明，1984年为57%，1985年为71%，1986年为61%。从指标数值体现的资产负债情况来看，1985年最差，1984年度最好，参照值修正为1984年度资产负债率。

2. 评估期资产负债率评估

评估期资产负债率为51%，较历史最好水平的参照值57%，降低6

个百分点，评估期每百元流动资产占用负债资金 50.90 元，较参照值每百元流动资产占用负债资金 57.08 元，减少负债资金 6.18 元，评估期的该项指标应给予满分 6 分（见附表 1）。

（二）短期支付能力

1. 参照值的修正

近三年，企业短期支付能力 1984 年为 22.8%，1985 年为 27.99%，1986 年为 78.32%。从指标数值上反映，1985 年企业短期支付能力较弱，主要原因是 1985 年银行紧缩银根，压缩长年性占用的贷款，扩大临时贷款，因而，临时借款占定额借款比例达 132.17%，而 1986 年仅为 41.89%，在该项指标的参照值选择上，不宜选 1985 年度，而宜选择 1986 年度。

2. 评估期的短期支付能力

评估期的短期支付能力为 71.97%，较参照值 78.32%，支付能力下降 6.35 个百分点，根据评分法给予 3.28 分。满分为 5 分（见附表 2）。

（三）应付货款逾期率

1. 参照值的确定

对近三年企业应付货款逾期率测算结果表明，1984 年为 20.32%，1985 年为 10.19%，1985 年为 6.61%。从指标数值看，1986 年水平最好，但这主要是由于商品及材料采购款数额较大所致，不是逾期应付货款减少所致，而从逾期应付货款数额来看：1985 年最少，仅为 9 万元，因此，宜选择 1985 年水平为参照值。

2. 评估期的应付货款逾期率的评估

评估期的应付货款逾期率通过测算为 29.35%，逾期金额达 32 万元，其中应付××地区的 22 万元，应付××地区的 8.7 万元，在应付前一地区的 22 万元中，含有不应在该项目中反映的从一商局网点统筹基金中借支的 10 万元专项借款，如果剔除此项因素，那么评估期的应付货款逾期率应为 22.24%，较参照值的 10.19%，仍增加了 12.05 个百分点；鉴于以上情况，该项指标应按 55% 给分，得 3.3 分（见附表 3）。

（四）贷款的归还能力

1. 参照值的确定

对近三年贷款归还能力指标的测算结果表明，1984 年为 95.06%，1985 年为 95.1%，1986 年为 95%。从指标的数值反映上看，1985 年水平较高，以此为参照值。

2. 评估期贷款归还能力评估

评估期贷款归还能力测算为 95.29%，较参照值的 95.1% 提高 0.19%，应给予满分 5 分（见附表 4）。

（五）货款款回收率

因该企业为大型零售企业，一般不进行按批发价销售，因此，钱货两清，货款回收率达 100%，应给予满分（3 分）。

综述以上 5 个指标，资金信用项目评估得分为 20.58 分，占满分 25 分的 82%，信用良好。

四、 经济效益评估

（一）全部资金利税率

1. 参照值的确定

近三年企业全部资金利税率分别是：1984 年为 131.2%，1985 年为 82.63%，1986 年为 63.73%。从指标数值看，1984 年水平最好，1985 年次之，但从实现的年利税总额来看，1985 年为 781 万元最好，1986 年为 593 万元次之，1984 年为 621 万元，该项指标的选择上，宜以 1985 年度作参照值较好。

2. 评估期全部利税率评估

评估期全部资金利税率为 84.54%，较参照值高出 1.91 个百分点，应给予满分 6 分（见附表 6）。

（二）销售收入利税率

1. 参照值的确定

通过对近三年销售收入利税率的计算 1984 年为 11.09%，1985 年为

10. 65%，1986 年尾 7. 9%。从指标水平来看，1984 年水平最好，1985 年次之。但从实现利税来看，1985 年最高，1984 年次之，故此在考核该项指标时，宜选 1985 年度水平为参照值较好。

2. 评估期销售收入利税率的评估

评估期销售收入利税率测算为 8. 98%，因 1985 年没有提取网点统筹基金，这是不可比因素，若加入此项因素，评估期的利税总额应增加 77. 1 万元，销售收入利税率为 9. 92%，较参照值 10. 65% 略有下降，该项指标应按满分的 60% 得分，得 2. 4 分（见附表 7）。

（三）全都流动资金周转天数

1. 参照值的确定

近三年企业全部流动资金周转天数分别是：1984 年 29 天，1985 年 36 天，1987 年 37 天。从资金周转天数看，1984 年水平最好，但代销商品过多，周转天数不到一个月，有不正常因素；1985 年较正常，在全国、全省均为先进。该项指标，宜选择 1985 年度水平作参照值较好。

2. 评估期全部流动资金周转天数评估

评估期全部流动资金周转天数通过测算为 30 天，较参照值减少 6 天，周转速度加快，应给予满分 7 分（见附表 8）。

（四）人均利税额

1. 参照值的确定

对近三年企业人均利税额的测算结果表明：1984 年为 7675. 58 元/人，1985 年为 9407. 53 元/人，1986 年为 6871. 51 元/人。从此项指标的数值来看，1985 年水平最好，人均创利税近 1 万元，宜选择 1985 年水平作参照值较好。

2. 评估期人均利税额评估

评估期人均实现利税额通过测算为 8397. 16 元/人，较参照值的 9407. 53 元/人，人均创利税减少 1010. 37 元/人。但评估期测算的利税总额中未含新征的网点统筹基金 77. 1 万元，这是不可比因素，剔除此项因素，评估期的人均创利税为 9279.52 元/人，较参照值减少 128.01 元/人，下降 13.6%，应按分值的 60% 给分，得 1.8 分（见附表 9）。

综合以上 4 个指标，该项评估得分 17.2 分，说明经济效益较高。

五、 经营管理能力评估

（一）合同履约率

1. 参照值的确定

通过对近三年企业签订合同的履约情况统计，合同履约率 1984 年为 64.58%，1985 年为 77.92%，1986 年为 76.47%。从指标的数值上反映，1985 年合同执行情况最好，同 1986 年水平基本接近，因此，在该项指标的考核上，应选择 1985 年作参照值。

2. 评估期的合同履约率评估

评估期的合同履约率指标，通过测算为 80.87%，较参照值增长 2.95%。但尚有一定的差距，如合同管理制度不健全等，因此，给予 3.2 分（见附表 10）。

（二）商品资金占用率

1. 参照值的修正

近三年企业商品资金占用率分别为 1984 年 8.27%，1985 年为 10.83%，1986 年为 9.71%，从每百元销售成本占用商品资金数额来看，1985 年水平最差，故此在该项指标考核上选择 1984 年水平作参照值较好。

2. 评估期的商品资金占用率评估

评估期的商品资金占用率指标通过测算为 6.39%，较参照值下降 1.88%，说明评估期以较少的商品资金取得了较大的销售收入。因此，对该项指标评估期的评价，应给予满分 6 分（见附表 11）。

（三）资金管理能力

该项指标属定性指标，它不能用准确的定量数值来体现，但可用一定的定量指标来加以说明，对该项指标进行考核，采用既有定性的说明，又有定量的考核，现具体讲下：

1. 资金目标管理执行情况

该企业确定评估期资金目标管理四项指标，即年商品销售收入7700万元，费用4.38%，全部流动资釜周转10.5次，实现利润480万元，评估期的执行情况，1—9月实现商品销售6126万元，占目标指标的79.56%；费用水平4.25%，较目标水平减少0.13%；全部流动资金周转次数12次，较目标水平加快1.5次，利润369.9万元，占目标利润的75.49%。四项指标数值表明，评估期的指标均较好地完成了资金管理目标，因此，可以确认企业在评估期内超进度完成了资金管理目标，充分体现了企业具有较好的管理水平。

2. 资金的分级归口管理情况

企业在资金分级管理上，实行三级管理、二级核算，资金指标层层分解承包的管理形式，即各商品部对商场承包，各小组对商品部进行承包，并签订承包协议，由此达到了分级分层次落实指标的目的。由商场对商品部按季下达销售、利润两项指标，分季考核，全面完成计划者得人均季度奖200元/人，未完成计划者实行减一罚十，即未完成计划的1%，扣发奖金10%，各商品部对经营小组主要考核资金定额占用和利息支出两项指标，完成计划者予奖金全额，对未完成计划者，以工资为基数，未完成计划1%，扣发10%的奖金。此外，对毛利率、商品资金周转次数、费用水平、经营品种等指标考核，只罚不奖，从已经执行的情况看，七项考核指标均得到了较好落实。

在资金的归口管理上，企业规定凡举行大型的业务活动时，均要求商品部经理向总经理汇报货源采购情况，并邀财务科参加，及时组织安排资金，财务科在收到外来托收单据时，交由业务科合同专管员验收后签章承付，对代销款项支付，均要求所在商品部和批发部双签，未按程序处理者，给予经济处罚，这一措施有效地避免了不合理款项支付，此外，在对费用、专用基金、财产损失等审批管理权限均有具体规定，分别管理、使用。

3. 自有资金自补制度的执行情况

该企业从1985年开始逐步补充自有流动资金，几年来累计补充自有资金19.4万元，占国拨流动资金的14.49%，根据国发（83）100号文件规定的补充比例情况来看，1985年为13.93%，1986年为10.5%，1987年为3.48%。以上表明，1985年及1986年均按规定比例补充了流动资金，1987年未按规定比例补充流动资金去，其客观因素是本年度开始了商场改造、扩建工程，生产发展基金急需使用所致。

4. 该企业长期以来坚持按月、按年进行资金活动分析、执行情况检查制度，促进了资金的合理使用。综合上情况，该指标评定给予5分。

（四）科学管理水平

总体上讲，该企业科学化管理水平较高，主要有以下几个方面：

1. 微机在管理系统中的应用

企业自1985年起开始试行微机运用管理系统，目前已有专职微机工作人员5人，均为专业学校毕业，在微机应用方面，主要是定期出表：①商品销售进度日报表；②主要商品进销存旬报表；③各柜组主要经济分析表；④银行对账及余额调节表。此外，企业计划明年将开发仓储微机管理，微机的应用在该省商业企业属首家，该项目曾获××市科学技术应用成果4等奖。

2. 企业内部建立信息网络体系

为适应商品经济发展，企业内部制定了信息联络制度，由各柜组选派一名兼职信息员，业务科选派专职信息员组成了内部信息联络网，现有专职和兼职信息人员100人，定期组织信息交流，并规定每月15日为企业信息日。同时，规定采购人员外出归来，实行信息汇报制度，有效地推动了企业信息工作的开展，既体现其窗口作用，指导了企业的经营，又为生产部门及时调整生产结构提供可靠的市场信息。

3. 为强化企业管理科学化，长期实行三级管理，二级核算，定指标到柜组，用经济手段来管理经济

近年来对 4 个柜组试行管理规范化、服务规范化的活动，对营业员实行等级管理，其中高级营业员 2 名，一级营业员 13 名，二级营业员 8 名，取得初步成功，作为××市规范化服务的典型，在报纸上进行了介绍。

4. 企业内部审计

为加强管理，今年企业内部组建了审计小组，成员属企业管理办公室领导，现已对 8 个柜组进行了审计，某些柜组审计出的问题，尚在处理之中。

综合以上几个方面，可以看出，评估期企业科学管理水平较高，应给予满分 6 分。

（五）领导层次的综合能力

1. 领导班子组成及专业结构

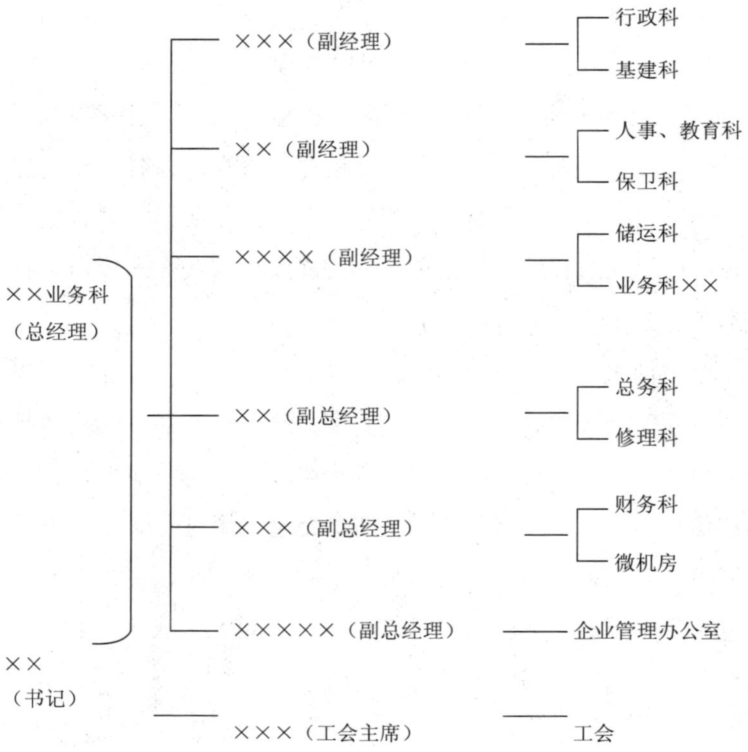

其中，大专文化程度占 40%，平均年龄 48 岁，长期从事零售商业工作，有较丰富的工作经验，知识水平较高，年富力强，是一个较强的领导班子。

2. 实行总经理负责制

该企业自 1984 年 7 月开始试行总经理负责制，内部建立三级管理体系，几年来基本理顺了党、政、工、团之间的关系，使其各司其职，各尽其责，有效地提高了经济效益。从 1985 年以来销售收入平均每年增长 15.2%，利税每年平均增长 9.66%，企业经济效益有大幅度的提高。该企业领导层次是一个团结的、具有较高综合能力，并富于开拓的领导班子，在同行中是佼佼者。领导层次的综合能力得满分 3 分。

综合以上五项指标，企业经营管理能力应得 23.2 分。

六、 企业发展前景预测

（一） 年利税递增率

1. 参照值的确定

从近三年的经济指标测算结果来看，1984 年为 29.72%，1985 年为 25.74%，1986 年为 −24.06%，从数值反映看，1984 年利税递增率高，1985 年次之。但从实现利税总额情况看，1984 年仅实现 621 万元，而 1985 年实现 781 万元，较 1984 年增加 160 万元。因此，在该项指标参照值的选择上，宜选 1985 年度。

2. 评估期年利税递增率指标评估

评估期该项指标的测算结果为 23.62%，其中评估期实现利税额中未含主管局新征网点统筹基金 77.1 万元，此项指标 1985 年未发生，如评估期剔除该项不可比因素，那么评估期年利税递增率为 36.61%，与 1985 年参照位相比较，增长 10.87%，但实际比参照值降低 2.12 个百分点，评估期该项指标给 3.26 分（见附表 15）。

（二） 年销售收入递增率评估

1. 参照值的修正

从近三年销售收入递增率指标测算结果看，1984 年为 27.26%，1985

年为 30.91%，1986 年为 2.37%。从指标数值反映情况看，1985 年销售收入递增率最高，这其中 1985 年年初开辟四楼营业场所，扩大营业面积，大幅的增加销售所致，以 1985 年年度作为参照值不适当，而且基数越大，要提高增长率，难度也就越大，若以 1985 年 30% 幅度递增是不可能的。

2. 评估期的年销售收入递增率评估

评估期年销售收入递增率为 8.74%，这一指标较历史最好水平的 1985 年度有大幅度下降，这主要是由两方面因素所致，一是 1985 年度对比基数低，仅为 5606 万元，而评估期对比基数为 7512 万元；另一方面，1985 年度参照值的选定；存在不合理因素，因此，对该项指标应以 1986 年指标作为参照值较妥。据此，1987 年销售增长比例超过 1986 年参照值水平，增长 6.37 个百分点，故而给与满分 5 分（见附表 16）。

（三）效益资金对比系数评估

1. 参照值的确定

从近三年的资金、效益对比系数看，1984 年为 0.79，1985 年为 0.79，1986 年为 0.2，1985 年指标好且合理，宜选为参照值。

2. 评估期效益、资金对比系数评估

评估期的效益、资金对比系数为 1.40，说明评估期在资金占用下降情况下，利税大幅度增加，从评估期实现的利税总额 881 万元看（这其中含有评估年度与 1985 年度不可比因素的网点统筹基金 77.1 万元），较 1985 年 781 万元，增加利税 100 万元。因此，该项指标评估期应给予满分 5 分（见附表 17）。

（四）企业发展规划及落实情况

随着经济体制改革的不断发展，企业为在竞争中继续生存发展，主要抓 6 项工作：

（1）进一步强化、完善内部管理机制，实行总经理负责制下的三级管理，二级核算承包责任制，划小划细、层层承包，通过行政、经济两个手段调动职工的积极性，挖掘内部潜力，树立广大职工的主人翁精神。

（2）继续加强现代化管理企业的手段，运用微机进行商品保本、保利、商品储存、资金往来的分析，减少资金占用。加速资金周转，以最少的资金投入取得最大的经济效益，并进一步开展微机信息处理，变事后核算为事前预算，提高经营效果。

（3）继续利用大商场的优势，加强商商、工商之间横向联系，搞活流通，扩大货源采购，发展名优产品进货基地，为进一步扩大其辐射能力，企业已参加××自行车集团，并是全国 25 家新兴商场开发理事会的成员，全省 11 家商贸联合体成员，还担任理事长职务。今后将大力开发批发业务及销售市场，形成批零兼营的综合性商业企业，提供代销、代购、代储、代运的多功能综合性服务。

（4）强化服务，提高企业信誉，赢得消费者信任，经营上进一步坚持维护用户利益、质量第一为宗旨，扩大花色品种，薄利多销，推行“服务规范化，管理规范化”的优质服务，设立维修中心，抓好质量跟踪，搞好售后服务，使广大消费者放心。

（5）开发人才。人才是企业的财富，职工的素质是企业在日趋激烈的竞争中是否能立于不败之地的关键，因此，抓好职工教育，改善职工素质，提高文化水平，将成为企业的重要任务。近几年来，企业开办了职业高中班，通过正规教育，提高了职工队伍素质。

（6）进行内部设施设备改造，向现代化综合性零售商场发展。建店 28 年来，企业的内部设施、设备没有进行过一次像样的改造，设施落后、设备陈旧，不能适应经济发展需求，为此企业集中绝大部分发展基金，在上级及金融界的支持下，用两年时间进行商场改造和扩建，竣工后将形成一个层层相通环环相扣，内设空调，集经营、娱乐、服务等多功能的现代化商业中心。营业面积由 7200 平方米增至穗 12840 平方米，经营品种由 2 万种增至 3 万余种，职工增至千人，经济效益也将大幅度提高，预计 1989 年商品销售额突破亿元，实现利税超千万元。1987—1990 年商品销售额可接近 4 亿元，实现利税突破 4000 万元大关，届时，将挤入全国大型商业企业行列之中。

总之，企业的发展规划措施得力，应给予满分 5 分。

（五）经验评价

××市人民商场长规来认真执行国家的各项政策法令，经济效益稳步上升，纵观全省同行业水平：评估期 1—8 月企业主要指标执行情况为：实现商品销售 5317.29 万元，实现利税 320.19 万元，居全省同行业之首。全部流动资金周转天数为 31 天，百元销售实现利润 7.53 元，人均实现销售额 56930 元，三项指标居全省同行业第二位，销售百元商品毛利 14.96 元，居全省同行业第三位。

由上述指标对比结果表明，该企业各项主要指标均处全省同行业先进水平。综上所述，企业信用状况良好，经济效益高，经验评价得 4 分。

（六）商业企业服务质量评估

××市人民商场开展优质服务，主要采取了以下措施：①预约定货，送货上门。1987 年 1—10 月送贷上门 500 次，设立摊点，季节优惠，逢年过节，商品价格优惠，让利于广大消费者。②增加服务项目，开展多功能服务，如：自动人体称、游艺室、儿套裤片、定做特体服装，修理钢笔等。设立名优产品质虽艰踪站，对名优大件产品跟踪服务，及时反馈信息、解决问题。另外，对群众日常生活需要的小商品经营也不放松，每天保持 7500 多个品种上柜。③开展售后优质服务，设立了用户接待办公室，顾客购买的商品若发生质量问题予以退换，并设立了三个商品维修部。1987 年 1—11 月上门维修达 550 次。④开展“服务规范化、管理规范化”活动，实行营业员等级制度，并与其政治待遇即及经济利益挂钩，挂牌服务，取得了好效果，今后这项活动将由点到面全面展开。

应当指出，××市人民商场少数营业员的服务态度存在缺点，有待于不断加以改善，此项得满分 7 0%，为 3.5 分。

综合上述指标，企业发展前景六项内容共得分 25.76 分。

七、 总评估

通过对××市人民商场资金信用、经济效益、经营管理能力评估及企业发展前景预测，总的看法是：信用良好，经济效益较高。经营管理能力较强，已形成一套较科学的管理方法，发展前景广阔，总评分得 86.74 分，拟评定为信用为信用一级企业，有效期为一年。

希望企业进一步完善，强化内都管理机制，提高职工素质，优化服务水平，加速内部设施、设备改造，再接再厉，更上一层楼，为建成一个现代化的新型、高效益的社会主业企业而奋斗。

附表 1

资产负债率计算表

单位：元

序号	项目 \ 数值 \ 年份及评分	满分值	参照值	前三年	前二年	前一年	评估期	评分值	备注
1	商品及材料（在途商品）		4104569	4104569	7816122	6044159	4550705		
2	现金		668	668	206	299	431		
3	银行存款		124881	124881	114225	156824	724917		
4	应收及预付款		133242	133242	1065988	2114454	1224182		
5	发出商品		—	—	—	—	—		
6	流动资金借款合计		1355612	1355612	5107772	3121614	1200000		
7	应付及预收款		1093765	1093765	886539	1804877	1694785		
8	欠交税利		41082	41082	423389	174035	414040		
9	$\frac{1+2+3+4+5}{6+7+8}\times 100\%$		57%	57%	71%	61%	51%	6	

附表 2

短期支付能力计算表

单位：元

序号	项目 \ 数值 \ 年份及评分	满分值	参照值	前三年	前二年	前一年	评估期	评分值	备注
1	现金		299	668	206	299	431		
2	银行存款		156824	124881	114225	156824	724917		
3	应收及预付款		2114454	133242	1065988	2114454	1224182		
4	发出商品		—	—	—	—	—		
5	流动资金借款合计		921614	—	2907772	921614	600000		
6	应付及预收款		1804877	1093765	886539	1804877	1694785		
7	欠交税利		174035	41082	423389	174035	414090		
8	$\frac{1+2+3+4}{5+6+7}\times 100\%$		78.32%	22.80%	27.99%	78.32%	71.97%		
9	分值	5						3.28	

附表 3

应付货款逾期率计算表

单位：元

序号	项目 \ 数值 \ 年份及评分	满分值	参照值	前三年	前二年	前一年	评估期	评分值	备注
1	逾期应付货款		90300	222262	90300	119368	321270		
2	逾期应付加工费		—	—	—	—			
3	原材料采购费		886539	1093765	886539	1804877	1094785		
4	加工费支出		—	—	—	—	—		
5	$\frac{1+2+3+4}{5+6+7}\times 100\%$		10. 19%	20. 32%	10. 19%	6. 61%	29. 35%		
6	分值	6							3. 3

附表 4

贷款归还能力计算表

单位：元

序号	项目 \ 数值 \ 年份及评分	满分值	参照值	前三年	前二年	前一年	评估期	评分值	备注
1	逾期罚息支出		—	—	—	—	—		
2	展期贷款应计利息额		15160	7280	15160	14970	11880		
3	贷款利息支出总额		309530	147229	309530	299222	252056		
4	$1-\frac{1}{2+3}\times 100\%$		95. 1%	95. 06%	95. 1%	95%	95. 29%		
5	分值	5						5	

附表 5

货款回收率计算表

单位：元

序号	项目 \ 数值 \ 年份及评分	满分值	参照值	前三年	前二年	前一年	评估期	评分值	备注
1	本年货款回收总额								该企业为零售企业，不执行批发价销售。
2	年初应收货款余额								
3	本年销售额								
4	$\frac{1}{2+3}\times 100\%$								
5	分值	3						3	

附表 6

全部资金利税率计算表

单位：元

序号	项目 \ 数值 \ 年份及评分	满分值	参照值	前三年	前二年	前一年	评估期	评分值	备注
1	年实现利税额		7817660	6217129	7817660	5936982	7339114		
2	流动基金		1442175	1372175	1442175	1506175	1566175		
3	固定基金		1562119	1298143	1562119	2648977	3748753		
4	借入资金		5107772	1355612	5107772	3121614	1200000		
5	专用基金参加生产周转数		—	—	—	—	—		
6	拨入基金		1348416	712896	1348416	2038537	2166384		
7	$\frac{1}{2+3+4+5+6} \times 100\%$		82.63%	131.20%	82.63%	63.73%	84.54%		
	分值	6						6	

附表 7

销售收入利税率计算表

单位：元

序号	项目 \ 数值 \ 年份及评分	满分值	参照值	前三年	前二年	前一年	评估期	评分值	备注
1	实现利税总额		7817660	6217219	7817660	5936982	7339114		
2	商品销售收入		73386975	56060580	73386975	75127426	81685121		
3	$\frac{1}{2}\times 100\%$		10.65%	11.09%	10.65%	7.90%	8.98%		
	分值	4						2.4	

附表 8　　全部流动资金周转天数计算表　　单位：元

序号	项目 / 数值 / 年份及评分	满分值	参照值	前三年	前二年	前一年	评估期	评分值	备注
1	全部流动资金平均占用额		7237356	4566708	7237256	7653997	6763676		换算
2	商品销售收入		73386975	56060850	73386975	75127426	81685021		
3	$\frac{1}{2}\times 360$（天）		36 天	29 天	36 天	37 天	30 天		
	分值	7						7	

附表 9　**人均利税额计算表**　单位：元

序号	项目 \ 数值 \ 年份及评分	满分值	参照值	前三年	前二年	前一年	评估期	评分值	备注
1	年实现利税总额		7817660	6217219	7817660	5936982	7339114		换算
2	企业职工人数（平均）		831	810	831	864	874		
3	$\frac{1}{2}$	9407.53	7675.58	9407.53	6871.51	8397.16			
	分值	3						1.8	

附表 10

合同履约率计算表

单位：元

序号	项目 \ 数值 \ 年份及评分	满分值	参照值	前三年	前二年	前一年	评估期	评分值	备注
1	本企业毁约的合同个数		1600	1700	1600	2000	2200		
2	应履约合同总数		7200	4800	7200	8500	11500		
3	$(1-\frac{1}{2})\times 100\%$		77.92%	64.58%	77.92%	76.47%	80.87%		
	分值	4						3.2	

附表 11

商品成品资金占用率计算表

单位：元

序号	项目 \ 数值 \ 年份及评分	满分值	参照值	前三年	前二年	前一年	评估期	评分值	备注
1	库存商品平均占用额		3952391	3952391	6761216	6233210	4393649		
2	在途商品平均占用额		20209	20209	66875	48566	59811		
3	年销售成本总额		48054024	48054024	63053386	64692599	69699073		
	$\frac{1+2}{3}\times 100\%$		8.27%	8.27%	10.83%	9.71%	6.39%		
	分值	6						6	

附表 12

资金管理能力分析表

序号	因素 \ 项目	满分值	评估期			评分值	备注
			较好	一般	不良		
1	资金目标管理		√				每因素平均得分 1.5（6）其中：较好、一般、不良得分分别为 1.5、1、0.5，用“√”表示。
2	资金分级归口管理		√				
3	资金自补制度			√			
4	财务收支计划及经济活动分析执行情况		√				
5	分值	6				5	

附表 13

科学管理水平分析表

序号	项目 因素	满分值	评估期			评分值	备注
			较好	一般	不良		
1	质量管理		√				每因素平均得分 1.5（6）其中：较好、一般、不良得分分别为 1.5、1、0.5，用“√”表示。
2	技术管理		√				
3	信息管理		√				
4	计算机开发和其他		√				
5	分值	6				6	

附表 14　　领导层次的综合能力分析表

序号	项目 / 因素	满分值	评估期			评分值	备注
			较好	一般	不良		
1	领导的群体结构		√				每因素平均得分 0.75（3）其中：较好、一般、不良得分分别为 0.75、0.5、0.25，用"√"表示。
2	专业结构		√				
3	厂长负责制执行情况		√				
4	组织体制和形势与同行业比较		√				
5	分值	3				3	

附表 15

年利税递增率计算表（实现数）

单位：元

序号	项目＼数值＼年份及评分	满分值	参照值	前三年	前二年	前一年	评估期	评分值	备注
1	本年度利税总额		7817660	6217219	7817660	5936982	7339114		
2	上年度利税总额		6217219	479294g	6217219	7817660	5936982		
3	$\frac{1}{2}-1\times100\%$		25.74%	29.72%	25.74%	-24.06%	23.62%		
	分值	5						3.26	

附表 16　年销售收入递增率计算表（实现数）　单位：元

序号	项目 \ 数值 \ 年份及评分	满分值	参照值	前三年	前二年	前一年	评估期	评分值	备注
1	本年度销售收入			56060850	73386915	75127426	81685021		
2	上年度销售收入			44051918	56060850	73386975	75127426		
3	$\frac{1}{2}-1\times100\%$		2. 37%	27. 26%	30. 91%	2. 37%	8. 74%		
	分值	5						5	

附表 17

效益、资金对比系数计算表（实现数）

单位：元

序号	年份及评分 数值 项目	满分值	参照值	前三年	前二年	前一年	评估期	评分值	备注
1	本年度利税总额		7818660	6127219	7817660	5936982	7339114		
2	上年度利税总额		6217219	4972949	6217219	7817660	5938982		
3	本年度全部资金平均占用额		7237256	4566708	7237056	7653997	6763676		
4	上年度全部资金平均占用额		4566708	743237	4566708	72：7256	7653997		
5	$\frac{1}{2}+\frac{3}{4}$		0.79	0.79	0.79	0.72	1.40		
	分值	5						5	

企业发展规划及落实情况分析表

附表 18　　　　**19　年　月　日**　　　　**单位：**

项目		满分值	评估期	评分值	备注
有发展规划					
没有发展规划	没有落实				用"√"表示，其中："没有落实"得 1 分；"落实一般"得 3 分；"落实较好"得 5 分。
	落实一般				
	落实较好		√		
	分值	5		5	

附表 19

商业企业服务质量评估表

序号	项目 因素	满分值	评估期			评分值	备注
			较好	一般	不良		
1	服务态度			√			用“√”表示，每因素平均得分分别为 2、2、1 酌情评分。
2	是否执行包修、包退制度			√			
3	其他			√			
4	得分	5				3.5	

附表 20　　**经验评价分析表**

序号	项目 因素	满分值	评估期			评分值	备注
			较好	一般	不良		
1	执行国家政策、法令情况			√			1、2 因素得分分别为 3 分、2 分；其中：1 因素中较好、一般、不良得分分别为 3、2、1；2 因素中较好、一般、不良得分分别是 2、1.5、1 分，用“√”表示。
2	其他印象			√			
3	分值	5					

附表 21

商业企业信用等级评估评分汇总表

单位：千元

项目	评分值（满分值）	参照值	1984 年（前三年）	1985 年（前二年）	1986 年（前一年）	1987 年（评估期）	得分
一、资金信用	25						20. 58
1. 资产负债率	6	175. 20%	175. 20%	140. 18%	163. 04%	196. 45%	6
2. 短期支付能力评价	5	78. 32%	22. 80%	27. 99%	78. 32%	71. 97%	3. 28
3. 应付货款逾期率	6	10. 19%	20. 32%	10. 19%	6. 61%	29. 35%	3. 3
4. 贷款归还能力	5	95. 1%	96. 06%	95. 1%	95%	95. 29%	5
5. 货款款回收率	3						3
二、经济效益	20						17. 2
1. 全部资金利税率	6	82. 63%	131. 20%	82. 63%	63. 73%	84. 54%	6
2. 销售收入利税率	4	10. 65%	11. 09%	10. 65%	7. 90%	8. 98%	2. 4
3. 全部流动资金周转天数	7	36 天	29 天	36 天	37 天	30 天	7
4. 人均利税额（千元）	3	9407. 53	7675. 58	9407. 53	6871. 51	8397. 16	1. 8
三、经营管理能力	25						23. 2
1. 合同履约率	4	77. 92%	64. 52%	77. 92%	76. 47%	80. 87%	3. 2
2. 商品（成品）资金占用率	6	8. 27%	8. 27%	10. 38%	9. 71%	6. 39%	6
3. 资金管理能力	6						6
4. 科学管理水平	6						6
5. 领导层次的综合能力	3						3

续表

项目	评分值（满分值）	参照值	1984 年（前三年）	1985 年（前二年）	1986 年（前一年）	1987 年（评估期）	得分
四、企业发展前景	30						25.76
1. 年利税递增率（%）	5	25.74	29.72	25.74	-24.06	23.62	3.26
2. 年销售收入递增率（%）	5	2.37	27.26	30.91	2.37	8.74	5
3. 效益、资金对比系数	5	0.79	0.79	0.79	0.72	1.40	5
4. 企业发展规划及落实情况	5						5
5. 商业企业服务质量评价	5						3.5
6. 经验评价	5						4
总得分							86.74

信用评估第【XX】号

案例三

× × × 印 刷 厂
信用等级评估报告

× × 市支行

中国工商银行

× × 经济信息咨询公司

一 九 八 × 年 × 月

× × × 印 刷 厂

信用等级评估报告

行长

× ×

经济师

经理

× ×

经济师

× × 市支行

中国工商银行

× × 经济信息咨询公司

一 九 八 × 年 × 月

企业信用等级评估责任人员

信用评估总负责：	×××	副行长、经济师
工业企业信用评估负责人：	×××	科长、经济师
信用评估技术负责人：	×××	副经理、经济师
评估小组组长：	×××	股长、经济师
评估人员：	×　×	信贷员
	×××	信贷员
	×　×	调研信息员

目　录

一、 企业概况

1. 企业简史

××印刷厂隶属××省出版总社，现址位于××市××路 26 号。创建于 1950 年 10 月，当时称为××印刷厂，位于市内。1952 年，公私合营联营印刷厂、××××印刷厂、××××印刷厂、×××印刷厂相继并入，更名为×××印刷厂，不久由省工业处移交给××市工业局领导。1954 年，××日报社印刷工厂又并入。1956 年，兴建新厂址；1958 年，迁厂北郊现址，××××印刷厂也迁来并入；1960 年，××××印刷厂又并入该厂；1963 年，××印刷厂并入，划归省轻工业厅领导，更名为×××××印刷厂。1972 年，划归××省出版局领导，1975 年，更名×××印刷厂至今。

2. 企业现状

××印刷厂是目前××省规模最大的一家综合性印刷企业。主要产品有：彩色印刷品、书刊、杂志、教科书等，每年承担省出版局印刷任务的三分之二。全厂现有职工人 1353 人，占地面积 79 亩，厂房建筑面积 36000 平方米；设有书刊印刷、电子制版、彩色印刷、包装装潢和印刷机械修理等七个生产车间及生产、行政等 22 个职能科室。另有一个附属厂，一个劳动服务公司。

全厂拥有固定资产原值 2200 万元，净值 1555 万元；国拨及企业自有流动资金 228.6 万元；主要生产设备 286 台，其中，制版车间 29 台，彩印车间 35 台，书版 43 台，排字 40 台，装订 46 台，零印 31 台，机修 49 台。近年来，该厂加强了设备的技术更新改造，从日本、联邦德国引进两条生产线：一条以 SG—701 电子分色机，G—520—E 电脑照相、森泽 ROBOV 电脑照排、全张和对开秋山四色胶印机、松本覆膜机为主体的日本制版印刷生产线，另一条以 C—396ER 电分机、CP—341ER 电分机、307 版式程序设计 TP—104 密勒五色胶印机为主体的联邦德国制版印刷生产线，均具有世界先进水平。

1984—1987 年该厂主要经济指标平均递增率为：产值 15.9%，销售 27.8%，利税 29.4%。

目前该厂年生产能力：排字 1 亿字、书版 4 0 万令、装订 25 万令，胶印 60 万对开色令、零印 17 万印张。

3. 企业规划

××印刷厂在企业改革中脱颖而出，1985 年获“××省企业整顿先进单位”称号，1985 年和 1986 年连续两年获得“××省最佳经济效益夺魁单位”的金杯奖。在全国印刷行业中名列前茅。企业规划从 1987—1990 年投资 2500 万元，用于设备和厂房的技术改造，建成：①5600 平方米的装订大楼，使装订生产逐步达到联动化；②15900 平方米的彩色印刷大楼，改热排为冷排，由铅印向胶印过渡，加快出书周期；提高印刷质量，扩大生产规模。③在“七五”期间，建立省内主要印刷制版基地，建成“××省电子制版中心”“××省印刷技术培训中心”。技术改造后全厂生产能力，预测将达到：省版图书达 1000 种，发稿 2 亿字、用纸 100 万令，印书 2 亿册（其中课本 1.2 亿册，用纸 60 万令）总产值 6000 万元，利润 1000 万元。

二、 资金信用评估

1. 评估内容及评估得分

资金信用评估是通过对企业资产负债率、短期支付能力、应付货款逾期率、贷款归还能力和货款回收率五项指标的考核，反映企业的资金实力大小和信用行为的优劣。经评估，该厂五项指标中有四项达到或超过评分参照值（货款回收率 1987 年没有达到评分参照值），总得分 23.8 分，为评分值满分的 95.6%。表明该厂资金实力较强，信用行为优良。各指标得分情况：资产负债率得 6 分，为满分的 100%；短期支付能力得 5 分，为满分的 100%；应付货款逾期率和贷款归还能力两项指标得满分，分别得

6 分和 5 分；贷款回收率得 1. 8 分，为满分的 60% 。

2. 评分依据及评分说明

（1）资产负债率。1987 年 10 月末该厂资产负债率为 40%，比 1984 年末的 44%，1985 年末的 43% 略优，劣于 1986 年的 31% 。各年的资产负债率均优于评分参照值的 50% 。但该厂目前国拨及自有流动资金占定额流动资产的比率 46. 4%，尚未达到银行贷款要求企业自有流动资金占定额 70% 的标准。但评估值优于参照值，该指标评估得满分 6 分。

（2）短期支付能力。该厂短期交付能力自 1984 年起，指标逐年上升，1987 年达 101. 10%（见附表 2）。指标增长趋势表明该厂短期变现能力在不断提高。从指标各变现因素今年变化情况看，评估年应收货款的因素增长十分突出。由于我国目前企业之间债权债务关系尚未走上规范化、票据化，应收货款短期变现有一定的困难。但此属客观因素，鉴于上述原因，指标评估得满分为 5 分。

（3）应付货款逾期率。该厂在商品交易、货款结算中，严格恪守企业信用。在 1984—1987 年四年间，该厂总计外购原材料 1725. 4 万元，没有发生一笔应付货款逾期的现象，反映出良好的信用行为。该指标评估得满分 6 分。

（4）贷款归还能力。该厂随着生产的不断发展，银行借款逐年增大，支付流动资金贷款利息 1986 年达 9 万元，1987 年 7. 9 万元（预计数），还贷任务加重。但该厂严守借款合同，四年间全都借款均在期内或提前归还，表明还贷能力强。该指标评估得满分 5 分。

（5）贷款回收率。货款的及时回收对于加速企业资金周转、提高经济效益关系密切，因此是一项十分重要的工作。该厂 1984 年、1985 年、1986 年三年货款回收情况较好，贷款回收率均达 90% 以上，1987 年货款回收不理想，货款回收率仅达 84. 38%，比评分参照值低 10 个百分点，10 月末应收货款 313. 6 万元，占用过大。该指标评估得 1. 8 分，满分为 3 分。

三、 经济效益评估

本部分共四项经济效益指标，经评估得分为 16.23 分，占满分的 81%。其中：全部资金利税率指标满分为 6 分，实得 4.43 分，占满分的 74%；销售收入利税率指标满分为 4 分，实得 4 分，占 100%；全部流动资金周转天数指标满分 7 分，实得 4.8 分，占 69%；人均利税额指标满分 3 分，实得 3 分，占 100%。上述指标，从与参照值的对比来看，评估期经济效益显著，生产增长幅度较大。

评分参照值的选取。在四项经济效益指标中，销售收入利税和人均利税额的参照值依据中国印刷公司 1986 年年度全国书刊印刷工业企业统计资料汇编选取的可比性较强的全国出版系统厂家、1986 年平均水平（高于全国书刊印刷厂家平均水平）。全部资金利税率和全部资金周转天数，因为没有同行业平均水平资料，所以采用该厂 1986 年实际水平为参照值，并在同行业资料中选取与上述指标性质相同的资金利润率、销售利润率、定额流动资金周转天数作为辅助参考指标。

以下对各项经济效益指标评分进行说明。

（1）全部资金利税率。评估期为 39.55%，低于参照值 41.81% ~ 2.26 个百分点，即每百元全部资金少创利税 2.26 元，由此全年少创利税 52.1 万元，可见全部资金效益有所降低。从全部资金组成部分来看：①全部流动资金利税率，1987 年为 115.34%，低于 1986 年 115.69%，每百元全部流动资金少创利税 0.35 元，可分析知，由于销售收入利税率 1987 年比 1986 年升高（见附表 7），使百元全部流动资金多创利税 7.86 元。由于全部流动资金周转 1987 年比 1986 年缓慢，使百元全部流动资金少创利税 8.21 元，两者合计为 -0.35，因此流动资金部分效益降低，主要是收周转缓慢影响。②固定基金利税率：1987 年为 60.19%，低于 1986 年的 65.47%，究其原因为：1986 年比 1987 年利税增长 17.16%，固定基金增长 27.45%，两者不同步增长，说明固定资金的投入没有充分发挥效益。

经查1986年未结转的固定资产中非生产用比例较大。对全部资金效益的降低起了决定性影响。另外，考察资金（固定资产平均余额+定额流动资产平均余额）利润率可看到，1987年为29.68%，高于1986年全国出版系统15.5%的平均水平，该厂1986年在全国综合性印刷厂家中可排第三。开绿衣裳情况，给予该指标4.43分，占满分的74%（见附表6）。

（2）销售收入利税率。评估期为45.59%，高于参照值37.42%。也高于1986年42.69%，可见该企业在消化涨价因素、降低成本、调整产品结构的工作中做出了成绩，显示了其管理水平。但评估期这个指标水平在1986年全国综合性印刷厂家中只能排在第七名，还有潜力可挖。这项指标按评分标准给予4分，占满分的100%（见附表7）。

（3）全部流动资金周转天数。评估期为142.3天，高于参照值132.84天，缓慢9.46天。其中，定额流动资金周转，1987年为88.64天，比1986年加速7.55天；非定额流动资金周转53.66天，比1986年缓慢17.01天，合计缓慢9.46天。可见额流动资金周转缓慢影响。1987年非定额流动资金平均占用比1986年增加112万元，其中主要是一些客观因素造成应收货款增加较多，因此，企业在销售货款回笼措施上还要予以强化，以进一步加速资金周转。考虑到定额流动资金占全部资金比重较大，而该企业1987年定额流动资金周转天数为88.64天，优于1986年全国出版系统印刷厂家115天的平均水平，因此，该项指标给予4.8分，占满分的69%（见附表8）。

（4）人均利税额。评估期为6756，高于参照值2806元，这个水平可在1986年全国综合性印刷厂家中居第一名，而且自1984年以来，该项指标直线上升，发展趋势很好，1983—1987年连年获省内印刷厂家第一，1985年、1986年连获全国印刷厂家第一名，因此，该项指标给予3分满分（见附表9）。

四、 经营管理能力评估

该项目评分值为25分，经评估得分23.57分，占满分的94%。其中，合同履约率为满分的95%，商品成品资金占用率为满分的100%，领导层次的综合能力得满分的95%，科学管理水平得满分的92%，资金管理能力得满分的90%。

合同履约率是反映企业信用的一项重要指标，该厂自1984年以来合同履约率实际均为100%，但是该厂合同管理制度还有待于进一步完善。为此按满分95%，评定3.8分。

商品成品资金占用率，1984年以来均为零，即成品资金在途商品资金占用均为零，说明近年来加工产品畅销不衰，为此按满分100%评定为6分。

资金管理能力，主要包括资金目标管理，资金分级归口管理，资金自补制度，财务收支计划及经济活动分析。

（1）资金目标管理。自1984年以来，该厂以承包经营目标为依据，制定了一系列资金管理目标，核定供、产、销部门资金定额，在实际执行中财务科根据各部门用款计划，参照资金定额控制使用。

（2）资金分级归口管理。该厂目前在经济核算上，采取二级核算，三级管理，即厂部、车间二级核算，厂部、车间、班组三级管理。流动资金和专用资金，实行账目分开、分口管理。资金使用，实行专人审批，专款专用。

（3）资金自补制度。自1983年开始建立资金自补制度，四年来共补资100万元，均超过国家规定补资标准，较1984年自有资金增长75.98%，提高了自我发展和抗风险能力，增强了企业资金实力。

（4）财务收支计划及经济活动分析。该厂近年来建立财务收支计划按月编报制度，以及定期不定期召开经济活动分析会制度。

该厂资金管理能力四项指标管理制度基本健全，管理水平在国内同行业中处于中上水平，为此按满分90%评定为5.4分。

科学管理水平，主要指标包括质量管理、技术管理、信息管理、计算机开发和应用。

（1）质量管理。该厂自1984年起有一位副厂长专门分管产品质量，将质量作为企业的生命来抓，组成全面质量管理网络，充实了质量管理科的力量，各车间都设立专职质量管理员，并先后制定了全厂质量管理人员岗位经济责任制，产品质量管理条例，全厂71道工序的质量标准，实行随机抽查制度，定期召开质量分析会。把质量作为四个主要经济指标进行考核，有多层次的质量管理组织，再加上奖罚分明，因此，产品质量逐年上升，历年来省内质量评比奖总数均为第一，1986年在全国课本质量评比中，获奖总数及优质率均名列全国第一。

（2）技术管理。该厂成立技术工艺小组，制定重点产品工艺方案，吸收推广新技术、新工艺、新材料，解决存在的技术难题，组织技术革新和新材料开发。几年来，完成技术革新项目近百项，开发出四色机喷粉、新型无毒粘版胶、油沫洗净剂、Ps版去脏剂等近十项产品，有的代替了进口，节省了外汇，有的通过省级鉴定，有的除保证本厂使用外，还支援了省内外兄弟厂家。近年来还建立和完善了技术管理档案，改革开放有偿技术培训市场，为省内外兄弟单位培训了大批技术人才。在历届全国印刷年会上，该厂均有技术论文发表，由于该厂技术力量雄厚，日本、西德和××人民机器总厂，在该厂联合设立了三个技术服务中心，为国内同行业提供技术服务。

（3）信息管理。该厂1984年成立了技术情报小组，活动积极，成效显著。1985年被全国印刷工业情报网评为先进单位。在技术设备引进中，由于注重信息情报，对国际上同类产品的各种机型，经销外商，技术及经济情报，兄弟厂家使用效果及合同价格，通过调研掌握了第一手资料，故能经过技术经济论证，选择最佳方案。如该厂引进的日本秋山四色胶印机，引进价格低于国内任何一家兄弟单位的同类机型价格，并且该机能适应国内原材料。做到了当年引进，当年投产，经济效益显著，两年收回全部投资。该厂还专门成立了开发部，加强了对市场发展趋势的预测。

（4）计算机开发及应用。该厂1986年与××大学微机所联合开发微机管理项目。目前，版式优化设计、工资管理、生产统计报表已投入正常使用。生产经营管理，生产周期管理两个系统正在进行调试，不久可运行。目前正在着手开发财务理、仓库管理、档案管理等系统，并逐步把计算机全面应用到企业管理。

综上上述，从对科学管理水平四项考核指标分析看，该管理水平在国内同行业中处于领先地位，为此按满分的92%，评定为5.52分。

领导层次的综合能力，该厂现有4名正、副厂长，具有大学学历一名，有专业技术职称三名，平均年龄47.6岁。1984年在××省首批试行承包经营试点，1986年正式实行了厂长负责制，确定了厂长在承包经营中的中心地位，发挥了厂长的中心作用，做到了行政指挥、政令畅通。并实行了分级放权，充分发挥各级领导的作用，各司其职，各负其责。同时还充分发挥企业党委的保证监督作用及职代会的民主管理作用，重大问题交职代会审议。近年来，该厂领导抓住企业发展关键，走了几步高棋。第一步棋：适应承包经营的要求，强化生产指挥系统。第二步棋：改革分配制度、调动职工生产积极性。第三步棋：根据市场需要，确立治厂仿真。第四步棋：加快技改步伐，不断增添企业后劲。第五步棋：积极发展横向联合，争创第一流企业。从而使该厂一跃成为全国印刷行业中的佼佼者，并荣获“××省最佳经济效益夺魁单位”的称号，为此该指标按满分的95%，评定为2.85分。

五、　企业发展前景预测

该企业经过六个方面的有关数据计算和调查了解结果，本项总得分28.4分，占该项满分的95%。单项达到特级水平的标准。

主要产品寿命周期。通过企业近四年的主要经济指标的统计、计算，产值、销售额、利润、税金、人均利税额、产值利税率、资金利税率、销售利税率，都在逐年提高，并且有继续提高的趋势，企业后劲很强，1986年率以2.78万元/人，夺取全国第一名。人均创利以5229元也获得全国第一名。鉴于该企业印刷手段齐全，印刷产品向当高档精细产品发展等情况，确定该企业主要产品寿命期处在成长期阶段，给予该项满分的 95%，实得 6.65 分。

新产品开发能力。该厂每年要承担全省教科书出版任务的三分之二，近年来新产品开发的品种较多，已经开始全面接纳各种高档精细产品，如大、中、小型画册、年历、年画、挂历、商品名录、产品样本，省、市、地方志、厂况史精装书及期刊、杂志、商品包装装潢和各种名片业务，代客美工设计，电子制版中心为兄弟印刷厂电子分色、电脑照相、电脑照排和加工胶辊、铜锌版、凹版印刷滚筒等。该厂 1986 年中小学教科书及挂历印刷制版分别得到全国质量优质奖和××地区优质奖。企业以开拓创新为指针，以优质服务为手段，以先进技术设备为基础，在开发新产品中取得了较好的成绩。全部产品产值的数据均呈上升趋势的情况。因此给予该项满分的 90%，实得 4.5 分。

产品出口、创汇能力。该企业近年来一手抓产品质量和优质服务，另一手抓技术设备的引进和消化吸收工作，以优质新颖的各种胶印产品为国家节约了大量的外汇。尤其突出的是该厂承接了国内外三个技术服务中心，即联邦德国的电子制版服务中心，日本秋山维修服务中心，北人胶印机维修服务部，为国家节约了大量的外汇。鉴于该厂的间接创汇率每年都在稳步增长，给予该项满分的 90%，实得 4.5 分。

工艺技术和装备水平。该厂自 1984 年实行承包经营以来，强化企业基础管理工作，狠抓技术进步，千方百计生财聚财，搞技术改造和设备更新，增强企业自我发展的能为。四年来先后从日本引进电脑照相、电脑照排、全张和对开秋山四色胶印机以及覆膜机、电分机等设备，形成了具有国际先进水平的整条制版印刷线，不仅保证了产品质量，而且提高功效近 30 倍。另外，还从西德引进以 C—399ER 电分机，CP—341ER 电分机，LP—307 版式程序设计，TP—104 密勒五色胶印机为主体的联邦德国制版印刷生产线，均具有世界先进水平，同时有步骤地更换大批落后设备，添进具有国内先进水平的 BB 型双面书刊胶印机等。该厂总体装备能力在全国同行业中具有一流水平，它在工艺技术水平方面，不仅拥有两个具有国际和国内先进工艺技术水平的中心，同时厂里通过内挖、外引和自培人才的方法，形成和造就了一批生产、工艺、技术管理人才。鉴于上述情况，给予该项满分的 100%，实得 4 分。

固定资产净值率。通过预测及计算，该企业年底将从专项工程支出科目转入固定资产 1075 万元，其中，联邦德国援助的设备有 800 万元，宾馆及大礼堂有 225 万元，零星设备有 50 万元。鉴于该企业固定资产净值率逐年在上升，并且 1986 年是 70.07%，1987 年预计是 78.13%，均高于全国 160 多家印刷行业平均值 69.4% 的水平，给予该项满分的 100%，实得 4 分。

经验评价。××××印刷厂自 1985 年实行承包经营以来，强化了基础质量管理和优质服务设施，狠抓了技术设备的引进、消化和吸收工作，建立了岗位责任制，实行分级、分权管理，实行工资总额与上缴利税挂钩的经济承包制。该企业除了确保完成省出版系统的任务外，积极开拓业务，业务范围遍及 23 个省、市、自治区，企业的面貌和经济效益发生了巨大的变化。三年来先后获得"××省企业整顿先进单位"的称号，1985 年和 1986 年连续荣获"××省最佳经济效益夺魁单位"的金杯奖。1986 年全员劳动生产力和人均创利两项指标均获得全国印刷行业的第一名，1986 年中小学教科书优质品数量占全国第一名。挂历印刷制版也被评为××地区优质奖。鉴于该厂有很多经济指标相继进入全国印刷行业的先进行列，更重要的是企业后劲很足，在今后的时期里还将有更多的经济指标进入和超过全国先进水平的情况出现。给予该项满分的 95%，实得 4.75 分。

六、　信用状况总评价

××××印刷厂是××省规模最大的一家综合性业，自 1984 年实行工资总额和实现利润挂钩浮动的承包经营以来，强化了企业各项基础管理工作，狠抓了技术设备的引进和消化、吸收工作，实行了分级分权管理，企业的产值、销售收入、年创利润、税金等主要经济指标的平均递增分别是 15.9%、27.8%、29.4%，取得了较为显著的经济效益，一跃成为全国印刷行业中的佼佼者，1985 年获“××省企业整顿先进单位”，1985 年和 1986 年连续两年获得“××省最佳经济效益夺魁单位”的金杯奖。

该企业有 4 名正副厂长，具有大学学历和技术职称的有 3 名，平均年龄 47.6 岁，是一个富有改革和开创新局面的领导班子，为适应印刷行业激烈的竞争局面，该厂大胆改革经营、生产管理机构，成立了工厂管理委员会、总师办公室、技术培训中心、生产开发部、美工设计室，电子制版车间等机构，形成了由厂长主持下的决策层、职能管和实施执行层的有效管理网络机构。该厂不仅与有关省、市一些著名大厂开展横向协作。该厂还同联合国、日本、意大利、美国、中国香港等国家和地区的客商进行技术交流，以自己的信誉和质量争来了“两个中心”，一个是与日本合作，在该厂建立“××日本秋山胶印机维修服务部”，另一个是同联邦德国经济技术合作公司合作建立“××省印刷业培训中心”。昔日默默无闻的××××印刷厂，现在已经走向了全国，并正在走向世界。

资金信用及经济效益经过九项指标的考核，单项指标均被评为特级标准。该厂近年来在承包经营中实行厂长负责制，严守信用、狠抓管理，大幅度地提高了经济效益。企业的应付货款逾期率和贷款归还能力，人均利税额均得了满分。该厂的全员劳动生产率及人均创利指标 1985 年、1986 年连续两年均居于全国印刷行业之首。企业在近几年的发展中，每年为国家创利润、税金的递增率为 29.4%，体现了国家得大头，企业得中头、个人得小头的社会主义良性经济循环。

经营管理能力与企业发展前景预测两项指标实得分为 51.97 分，占满分 55 分的 94%，也进入特级标准的行列。该企业具有较强的经营和生产管理能力，形成了调度灵活、工作效率高的工厂管理委员，建立并完善了主要工序的经济质量标准，实行了考核奖罚制度。企业资金实行分级归口管理，在核算上运用二级核算、三级管理。自1983年开始建立流动资金自补制度，四年共补资金100万元，进一步增强了企业的抗风险能力。在计算机的开发方面，该企业在××工业大学的配合下，运用了计算机管理，目前，已应用到企业的版式优化设计、工资管理、生产统计等方面，正在开发经营管理、生产周期管理、仓库档案等方面的应用。在技术设备的引进方面，该厂进行了有效的消化吸收工作，建立了三个技术服务中心，广泛捕捉国内外有用的印刷信息，为本省和国家节约外汇，培训技术人才，起到了较好的积极作用。1985年，该企业还被全国印刷工业情报网评先进单位。

通过对该企业主要产品寿命周期分析计算，得出企业主要产品的寿命期正处于成长期。企业已经开始全面接纳各种高档精细产品，不断开拓新品种，提高自身产品的市场占有率，随着两条先进水平的制版印刷生产线的相继投产，以及厂里已造就了一大批生产、工艺、技术管理人才，无疑将会给有企业增添有形和无形的强大后劲，企业的产品结构将向高档发展，质量将向国际水平看齐，打入国际市场的产品将越来越多。

经过二十多项指标的计算、分析，认为该企业信用优良，生产、经营管理及经济效益名列全国印刷行业前列，并且企业后劲很足，发展前景广阔。经评定，该企业信用等级评估总得分为92分，为信用特级企业，有效期为一年。

附表 1

资产负债率计算得分表

单位：千元

序号	项目 / 数值 / 年份及评分	（满分值）	参照值	（前三年）	（前二年）	（前一年）	（评估期）	得分	备注
1	定额流动资产合计			2759	4769	4757	5498		
2	现金			0. 2	0. 2	0. 4	0. 1		
3	银行存款			367. 2	945. 5	328. 9	141. 9		
4	应收及预付款			1049	1745	1412	3575. 5		
5	发出商品			0	0	0	0		
6	流动资金借款合计			58	930	900	1700		
7	应付及预收款			1599	2091	1030	1723		
8	欠交税利			182	190	56	254		
9	$\frac{6+7+8}{1+2+3+4+5}\times 100\%$			44%	43%	31%%	40%		
	分值	6	50%						6

附表 2

短期支付能力计算得分表

单位：千元

序号	项目 \ 数值 \ 年份及评分	（满分值）	参照值	（前三年）	（前二年）	（前一年）	（评估期）	得分	备注
1	现金			0.2	0.2	0.4	0.1		
2	银行存款			367.2	945.5	328.9	141.9		
3	应收及预付款			1049	1745	1412	3575.5		
4	发出商品			0	0	0	0		
5	流动资金临时借款合计			58	930	900	1700		
6	应付及预收款			1599	2091	1030	1723		
7	欠交税利			182	190	56	204		
8	$\frac{1+2+3+4}{5+6+7}\times 100\%$			77.02%	83.80%	87.68%	101.10%		
9	分值	5	50%						5

附表 3

应付货款逾期率计算表

单位：千元

序号	年份及评分 / 数值 / 项目	满分值	参照值	前三年	前二年	前一年	评估期	评分值	备注
1	逾期应付货款			0	0	0	0		
2	逾期应付加工费			0	0	0	0		
3	原材料采购费			2722	5218	4236.7	4987		
4	加工费支出			—	—	—	—		
5	$\frac{1+2+3+4}{5+6+7}\times 100\%$			0	0	0	0		
6	分值	6	0						6

附表 4

贷款归还能力计算表

单位：千元

序号	项目 \ 数值 \ 年份及评分	满分值	参照值	前三年	前二年	前一年	评估期	评分值	备注
1	逾期罚息支出			0	0	0	0		
2	展期贷款应计利息额			0	0	0	0		
3	贷款利息支出总额			9.3	38.6	89.8	78.9		
4	$(1-\frac{1+2}{3})\times 100\%$			100%	100%	100%	100%		
5	分值	5	1					5	

附表 5

货款回收率计算表

单位：千元

序号	项目 / 数值 / 年份及评分	满分值	参照值	前三年	前二年	前一年	评估期	评分值	备注
1	本年销售额			9590. 6	14110	18232. 6	20078. 4		
2	期末应收货款			697	1003	1037	3135. 5		
3	$\frac{1-2}{3}\times 100\%$		94%	93%	93%	94%	84%		
4	分值	3						1. 8	

附表 6　全部资金利税率计算表　单位：千元

序号	项目 \ 数值 \ 年份及评分	满分值	参照值	前三年	前二年	前一年	评估期	评分值	备注
1	年实现利税额			4217	6372	7784	9120		
2	流动基金			1292	1452	1827	2286		
3	固定基金			8234	9353	11889	15153		
4	借入资金			164	442	1125	989		
5	专用基金参加生产周转数			1314	1708	2157	3005		
6	拨入基金			784	1832	1619	1627		
7	$\frac{1}{2+3+4+5+6}\times 100\%$		35.77%	43.09%	41.81%	39.55%	41.81%		
	分值	6						4.43	

附表 7

销售收入利税率计算表

单位：千元

序号	项目 \ 数值 \ 年份及评分	满分值	参照值	前三年	前二年	前一年	评估期	评分值	备注
1	实现利税总额			4217	6372	7784	9120		
2	商品销售收入			9591	14110	18233	20003		
3	$\frac{1}{2}\times 100\%$		37. 42%	43. 97%	45. 16%	42. 69%	45. 59%		
	分值	4							4

附表 8　　**全部流动资金周转天数计算表**　　单位：千元

序号	项目 \ 数值 \ 年份及评分	满分值	参照值	前三年	前二年	前一年	评估期	评分值	备注
1	全部流动资金平均占用额			3554	5434	6728	7907		换算
2	商品销售收入			9591	14110	18233	20003		
3	$\frac{1}{2}\times 360$（天）		132.84	133.4	138.64	132.84%	142.3		
	分值	7						4.8	

附表 9

人均利税额计算表

单位：千元

序号	项目 / 数值 / 年份及评分	满分值	参照值	前三年	前二年	前一年	评估期	评分值	备注
1	年实现利税总额			4217	6372	7784	9120		换算
2	企业职工人数（平均）			1299	1298	1302	1350		
3	$\frac{1}{2}$		2. 806	3. 246	4. 909	5. 978	6. 756		
	分值	3						3	

附表 10　　**合同履约率计算表**　　单位：千元

序号	项目 \ 数值 \ 年份及评分	满分值	参照值	前三年	前二年	前一年	评估期	评分值	备注
1	本企业毁约的合同个数			—	—	—	—		
2	应履约合同总数			700	800	924	1050		
3	$(1-\frac{1}{2})\times100\%$			100%	100%	100%	100%		
	分值	4						3.8	

附表 11

商品成品资金占用率计算表

单位：千元

序号	项目 \ 数值 \ 年份及评分	满分值	参照值	前三年	前二年	前一年	评估期	评分值	备注
1	库存商品平均占用额			—	—	—	—		
2	在途商品平均占用额			—	—	—	—		
3	年销售成本总额 $\frac{1+2}{3}\times 100\%$			5423	7941	10644	11150		
	分值	6						6	

附表 12

资金管理能力分析表

序号	项目 因素	满分值	评估期			评分值	备注
			较好	一般	不良		
1	资金目标管理		√				
2	资金分级归口管理		√				
3	资金自补制度		√				
4	财务收支计划及经济活动分析执行情况		√				
5	分值	6				5.4	

附表 13

科学管理水平分析表

序号	项目/因素	满分值	评估期			评分值	备注
			较好	一般	不良		
1	质量管理		√				
2	技术管理		√				
3	信息管理		√				
4	计算机开发和其他		√				
5	分值	6				5.52	

附表 14

领导层次的综合能力分析表

序号	项目 因素	满分值	评估期			评分值	备注
			较好	一般	不良		
1	领导的群体结构		√				
2	专业结构		√				
3	厂长负责制执行情况		√				
4	组织体制和形式与同行业比较		√				
5	分值	3				2.85	

附表 15

主要产品寿命周期分析表

序号	项目 因素	满分值	评估期	评分值	备注
1	导入期	3			用"√"表示，见评估表 21 主要经济指标情况数字均是在逐年上升。
2	成长期	7	√	6.65	
3	成熟期	5			
4	衰退期	3			

附表 16

年销售收入递增率计算表（实现数）

单位：千元

序号	项目 \ 数值 \ 年份及评分	满分值	参照值	1984 年前三年	1985 年前二年	1986 年前一年	评估期	评分值	备注
1	近一、二年开发的产品		7185	4761	7111	7185	7963		换算 ____1987 年 9 月 $\frac{2972}{9}\times 12 + 400$ $=3963+4000+7963$
2	产值		36205	25823	35048	36205	40022		
3	全部产品的产值 $\frac{1}{2}\times 100\%$		19.85%	18.43%	20.29%	19.85%	19.90%		
	分值	5						4.5	

附表 17　　产品出口、创汇能力计算表　　单位：千元

序号	项目 / 数值 / 年份及评分	满分值	参照值	前三年	前二年	前一年	评估期	评分值	备注
1	出口产品的产值		1119	0	746	1119	1492		换算 1987 年计算以 $\frac{30}{9}\times12\times3.73=1492$
2	全部产品的产值		36205	25828	35048	36205	40022		
3	$\frac{1}{2}\times100\%$		3.09%	0	2.13%	3.09%	3.73%		
4	分值	5						4.5	

附表 18　　工艺技术和装备水平分析表

序号	项目 因素	满分值	评估期			评分值	备注
			以上	接近	以上		
1	设备装备能力在同行业平均水平		√				
2	工艺技术水平在同行业水平		√				
	分值	4				4	

附表 19

固定资产净值率计算表

单位：千元

序号	项目 \ 数值 \ 年份及评分	满分值	参照值	前三年	前二年	前一年	评估期	评分值	备注
1	固定资产净值		11870	9574	12143	15552	25000		
2	固定资产原值		17084	11908	18061	22196	32000		
3	$\frac{1}{2}\times 100\%$		69.48%	64.22%	67.32%	70.07%	78.13%		
4	分值	4						4	

附表 20

经验评价分析表

序号	项目 / 因素	满分值	评估期			评分值	备注
			较好	一般	不良		
1	执行国家政策、法令情况	3	√				
2	其他印象	2	√				
3	分值	5				4.75	

附表 21

主要产品寿命周期计算表附表

项目 \ 年份	1984 年	1985 年	1986 年	1987 年	
1. 产量（万元）	2582	3505	3620	4002	1987 年数据是根据 1—9 月累计除以 9 乘以 12 预测的全年数字
2. 销售额（万元）	959	1411	1823	2000	
3. 利润（万元）	374	562	681	805	
	48		98	107	
	422		779	912	
6. 人均利税（万元）	3278		5983	6786	
7. 产值利税率	16. 3	18. 2	21. 6	22. 8	
8. 销售利税率	44	45	42. 7	45. 6	
9. 资金利税率	25	30	31	46. 1	
10. 全部流动资金周转天数	133. 4	138. 6	132. 8	142. 3	
11. 职工人数	1287	129	1302	1344	

附表 22

工业企业信用等级评估评分汇总表

项目	评分值（满分值）	参照值	前三年	前二年	前一年	评估值	得分
一、资金信用	25						23.8
1. 资产负债率	6	50	44	43	31	40	6
2. 短期支付能力评价（%）	5	50	77.02	83.80	87.68	101.10	5
3. 应付货款逾期率（%）	6	0	0	0	0	0	6
4. 贷款归还能力	5	1	1	1	1	1	5
5. 货款款回收率（%）	3	94	92.83	92.86	94.31	84.38	1.8
二、经济效益	20						16.23
1. 全部资金利税率（%）	6	41.81	35.77	43.09	41.81	39.55	4.43
2. 销售收入利税率（%）	4	37.42	43.97	45.16	42.96	45.59	4
3. 全部流动资金周转天数	7	132.84	133.4	138.64	132.84	142.3	4.8
4. 人均利税额（千元）	3	2806 元	3246 元	4909 元	5978 元	6756 元	3
三、经营管理能力	25						23.57
1. 合同履约率	4						3.8
2. 商品（成品）资金占用率	6		0	0	0	0	6
3. 资金管理能力	6		较好	较好	较好	较好	5.4
4. 科学管理水平	6		较好	较好	较好	较好	5.52
5. 领导层次的综合能力	3		较好	较好	较好	较好	2.85

续表

项目	评分值（满分值）	参照值	（前三年）	（前二年）	（前一年）	（评估值）	得分
四、企业发展前景	30						28.40
1. 主要产品寿命周期	7						6.65
2. 新产品开发能力（%）	5		19.85	18.43	20.29	19.85	4.5
3. 产品出口、创汇能力（%）	5		3.09	0	2.13	3.09	4.5
4. 工艺技术和装备水平	4						4
5. 固定资产净值（%）	4		69.48	64.22	67.23	70.7	4
6. 经验评价	5						4.75
总得分	100						92

后 记

随着我国经济体制改革的逐步深化，商品经济观念已渗入社会生活、生产、流通的各个环节。企业的信用状况如何，已越来越受到商品交易各方及经济综合管理部门的关注，为使我国有计划的商品经济健康、稳步的发展，为有利于商品的生产和交换，我们编写了《企业信用等级评估指南》，旨在抛砖引玉，为人们在研究我国社会主义的商品经济规律时，提供一些资料。在编写过程中，我们参考了上海市工商银行经济信息咨询公司等单位的一些做法，并参考了甘培根等老师主编的《外国银行业务》相关章节，主要依靠了合肥市工商银行经济信息咨询公司对合肥市 82 户企业信用等级评估实践，编写成篇，在这里向他们表示感谢。另外，在本书编写过程中，得到了合肥市工商银行副行长李和生高级经济师，中国工商银行合肥经济信息咨询公司经理刘树藩高级经济师，中国工商银行安徽省分行城市金融研究所所长柴金寿高级经济师的关怀和指导，合肥市工商银行计划信贷部的赵华同志、张正宜同志、张玉力同志、范云同、许明硕同志、李芳同志，合肥市工商银行营业部的魏飞同志，合肥市工商银行蚌埠路办事处的陈志培同志，为案例素材的提供和整理做了一定的工作，为此，在这里一并表示深切的谢意。

由于时间仓促，水平有限，书中难免有一些不足乃至谬误，敬请广大读者不吝指正。

作者

一九八八年八月二十日